朝日新書
Asahi Shinsho 179

会社数字がわかる
計数感覚ドリル

千賀秀信

朝日新聞出版

まえがき

■計数感覚ってなんでしょう?

ビジネスの現場では、「キャッシュフローを重視せよ」「在庫は増やすな」「廃棄ロスを減らして原価率を下げろ」……など、数字を使って指示や会話が進みます。そんな時、こうした会社数字の意味を十分に理解していないと、仕事のミスにつながってしまうこともあります。

「**計数感覚**」とは、なんだと思いますか? ちょっと聞きなれない言葉かもしれません。計算能力と思われがちですが、私が考案し、提案する「計数感覚」は、**会社数字と企業活動の関係を理解できる能力**のことをいいます。ビジネスパーソンには、ぜひ身につけていただきたいマネジメント能力です(次ページ図)。「計数」と「感覚」という言葉を合わせ、正確に計算するというよりも、**概要をつかむ**という意味で使っています。私の思いを

計数感覚とは?

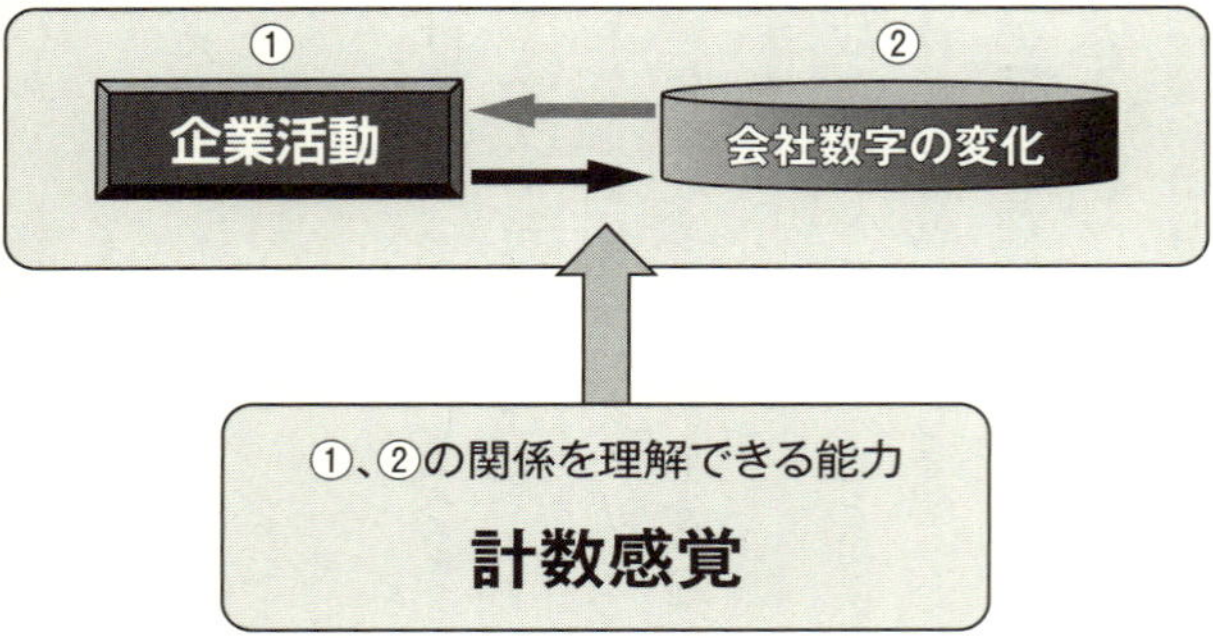

こめて翻訳すれば、「**計数を関連させて物事（＝経営）の概要を理解すること**」です。やがては、「**計数を関連させて、経営の本質を理解する**」という領域に到達することが、計数感覚を身につける最終目標です。

■計数感覚と会計の関係

経営活動と会社数字（計数）を関連させるので、会計の知識は必要になりますが、ただ会計の勉強をしても計数感覚は身につきません。

会計（アカウンティング）には、**財務会計**と**管理会計**があります。財務会計は、国際会計基準、米国基準などに代表されるような、決算書作成ルールの体系です。そして簿記は、作成ルールに従った決算書作成技術です。

それだけを勉強しても、なかなか経営のことまではわかりません。なぜでしょうか？日商の簿記検定や税理士試験などの資格の勉強を前提にすると、ルール（会計基準）の勉強に没頭してしまい、経営とのつながりを考える余裕がないからでしょう。

しかし決算書作成のルールを学ぶ過程で、経営のことが断片的に関係してくるので、勉強の仕方によっては、計数感覚の一端を理解することができます。私も簿記や財務会計を勉強して試験に合格したときに、さあ次は、経営の勉強がしたいと考えたものです。

管理会計の「管理」とは、**経営管理**のことですから、管理会計を勉強すると経営との繋がりがよくわかります。しかし、管理会計もやはり会計です。財務会計の基本がない方が、管理会計を勉強すると、地に足が着いていない感覚になりがちで、会計を経営に活用するときに、応用が利かないことがあります。また会計に詳しすぎる人は、細かい部分に入り込んでしまう傾向があるので注意が必要です。

一方、営業や製造現場などで働く人たちは、多くの場合、経営の勉強が先行しています。ある時、計数を使った考え方が必要になる場面に遭遇します。部門管理者になって、初めて決算書を分析する必要に迫られて困ったとか、上司や先輩が計数を駆使した話をしているのを聞いて萎縮してしまったという話をよく耳にします。

このような方は、会計専門家のように正確に会計知識を駆使する必要はないのです。計数の基本を理解していれば、経営に関する議論は十分可能です。正確性を求められる経理や財務の仕事とは別次元の能力や判断が求められるのです。

先入観で会社数字を嫌っていませんか？　これから社会へ出ようとする人はもちろん、職場でバリバリ仕事をしているマネジャーまで、会社数字に苦手意識を持っている人は早く払拭しましょう。

■計数感覚を発揮する4つの視点

計数感覚を身につけることによって、4つの視点から経営をみることができるようになります。

1. 計数の変化を見て、企業活動を推測できる

たとえば、営業利益が伸びているのに、経常利益が減少している会社があります。どのような原因が考えられるでしょうか？

数字を見て経営を推測することができるようになるので、このような疑問にも回答できるようになります。

2. 活動・意思決定の結果が、決算書のどこに影響するかを予想できる

販売競争の激化で、ポイントの還元率を5％から10％にアップしたら、決算書にはどのような影響を与えるでしょうか？

経営危機に陥ったが、雇用は維持することを決断した。その財源は、内部留保だが本当に可能でしょうか？　財務への影響はどうだろう？

このような経営上の意思決定の結果、決算書へどのような影響があるか推測できるようになります。

3. 計数分析の手法を活用し、経営計画の策定に活用できる

計画を立案するときにも計数感覚は必要です。売上が２００億から10％アップして、在庫回転率20回を維持する計画では、平均在庫投資はいくらでしょうか？

在庫予想でよく使う方法です。２２０億円÷20回転＝11億円が在庫投資になります。

このように、計数による計画を策定するときは、財務分析を応用する手法は有効です。

会議などで計数感覚を発揮して、根拠ある提案、意見具申ができるようになるでしょう。

4. 予想される計画数値の妥当性、実現可能性を検証するのに活用できる

たとえば売上高粗利益率が10％の業界で、25％の計画値になりました。この計画は妥当でしょうか？

計画値は、現実から離れてしまうことがしばしばあります。これを検証するのに計数感覚が必要です。おかしな数字に気づかないで会議に提案したら、上司から突っ込まれることは間違いありません。恥をかかないためにも、計数によるチェックは欠かせません。

■ケーススタディを通じて計数感覚を身につけていく

会計や経営分析の知識と経営の現場感覚が融合したときに、計数感覚というマネジメント能力は芽を出し、あなたの中で育っていくのです。計数感覚を身につけるには、ケーススタディを行うことが非常に有効です。たとえば、以下のQに答えながら考えてください。

Q1 売上やシェアだけを重視して経営を続けるとどうなるでしょう？

「利益度外視に陥る危険があります」

Q2 では利益を意識すればいいのでしょうか？

「これだけでは不十分です。営業キャッシュフローが不足する可能性があるからです」

Q3 この場合、現場で何が起こっているでしょう？

「利益が出ているのに営業キャッシュフローが不足するケースでは、おそらく在庫や売上債権が増加しています」

Q4 この後、どうなるでしょう？

「結果として、運転資金の借入金が必要になり、支払利息が増加します。結局、利益は減少してしまいます。この一連の流れは、黒字倒産の危険をはらんだ典型的な動きです」

ここに挙げた項目は、損益計算書項目（売上、利益、支払利息）に始まり、貸借対照表項目（在庫、売上債権、借入金）、営業キャッシュフローに伝播して、悪い方向へ動いています。3つの決算書がつながっていることを意味していますね。

営業部は損益計算書ばかり意識し、本部は貸借対照表やキャッシュフローを意識する……会社によくあるこの構造が、問題の発覚を遅らせます。営業などの現場で働く人たちが計数感覚を磨くことで、このような問題の発生も回避することが可能になるのです。

■ドリル形式で計数感覚をみがく

私は、長年、会計の講師という立場で、できるだけ会計と経営とのつながりを話題に挙げるようにしてきました。そのような趣旨で3冊の計数に関するノウハウ本も書いています。あるとき、以前書いた『**計数感覚がハッキリわかる本**』（ダイヤモンド社）に関し、アマゾンのカスタマーレビューに、こんな書き込みがあるのに気づきました。

「財務分析の方法が実用的に分かり易く説明されています。ただ、題名の計数感覚のポイントや磨くための指針等が特に無いのが残念です」というものです。

最後の一言（計数感覚のポイントや磨くための指針等が特に無い）が、とても刺激的でした。書いた方の本意とは違うかも知れませんが、私は次のように理解しました。

「ケーススタディをしながら、計数感覚を磨くためのコツ（ポイント）を整理し、理解したい。どの程度のことがわかれば、計数感覚が身についたことになるか知りたい」

そこで、できるだけ臨場感のある題材から、計数感覚を身につけ、使いこなすことができるようにと、ドリル形式の本書を手がけることにしたのです。

ドリルの問題は30問用意しました。「居酒屋オーナーの年収は?」「製造業と小売業のリストラの違いとは?」「万引きによるスーパーの損失はいくらか?」など、現実に起こっているケースや素朴な疑問を問にしています。私がビジネススクールで扱ってきた話題や考え方もかなり盛り込んでいます。急激な景気後退の影響など、新たなテーマも盛り込みました。

■この本の読み方

さあ、さっそく問題にチャレンジしてみましょう!

わからなくても急いで答えを見ないで、がんばって自分なりに考えてみてください。ヒントも参考にしてください。

解き終えたら、ページをめくってください。答に結論だけ書きました。なぜその答えになったのかを、続く解説で説明しています。この解説は、ビジネススクールで講義を受けているつもりで、よく考えながら、読んでくださいね。図表も、理解を助けるためにできるだけ多く掲載しました。

考えて、気づくという過程を繰り返すことが本質的な理解につながります。一度解いた問題でも、ぜひ、何度もやり直してみてください。

問は、経営の基本分野である4つに分けて作っています。この4つは、企業活動の機能別分類と同じです。

①マーケティング・営業
②開発・製造
③人事・組織
④戦略・投資

順番に読む必要はありません。どうぞあなたが関係している部分から興味にそって、読んでください。「計数感覚のハッキリわかる本」の内容にも沿っているので、もしお持ちなら、4つの分野に必要な知識はどのようなものなのか確認してみてください。

左の表はこの本で取り上げた主な計数のキーワードを、企業活動の4つの分野と計数の分野から整理したものです。キーワードの番号は、30ある問の番号で、その中で取り扱

企業活動と会社数字（計数）との関係

経営活動＼会社数字	決算書基本項目	収益性	安全性	経営管理
戦略・投資	24 グロスキャッシュフロー 25 営業キャッシュフロー	26 ROE 30 投資利回り	27 フリーキャッシュフロー **債務償還年数** **自己資本比率**	28 割引率 29 経済利益
マーケティング・営業	2 在庫コスト 6 外注加工費 **在庫ロス**	8 ROA **総資産回転率** **売上高営業利益率**	3 インタレト・カバレッジ・レシオ(倍) 5 運転資金の調達高	1 機会原価 4 変動費 7 節約可能費
開発・製造	10 物流費 11 減価償却費 **総原価**	12 売上高付加価値率 **経営安全率**	15 経営安全額	9 固定費 13、14 限界利益（率） 16 1個当たり限界利益 **損益分岐点比率**
人事・組織	17 内部留保 19 人件費	21 売上総利益率	**自己資本比率**	18 人時生産性 20 労働分配率 22 労働生産性 23 人件費の変動費化

った主要な計数のキーワードを表しています。番号のないものは、その他の重要なキーワードです。詳細は、本文を読んで確認してください。各キーワードは、決して表のような分類だけに限定されるわけではありませんが、経営とのかかわりの一例だと考えてください。

問に最も関係の深いキーワードは本文の最後に示し、簡単な解説も付けています。巻末に、キーワードとその意味を一覧できるようまとめました。その他の関連する用語も、列挙しているので、理解に役立ててください。

コラムを、直前の問に関連する話題、キーワードの詳細説明のために書きました。本文と同様に、よく読んでみてください。

前著の『会社数字のコツがハッキリわかる本』『新版・経営分析の基本がハッキリわかる本』『計数感覚がハッキリわかる本』（3冊ともダイヤモンド社）は、計数感覚の養成に必要な知識3部作と位置づけています。これに対して、本書は、計数感覚を実践するための1冊です。知識を手軽に使って、実践したい方に最適だと思います。

これから会計を学ぼうという人や、経営の概念をざっくりつかみたいという方もぜひ、チャレンジしてみてください。きっと数字を使って考えることが楽しくなるでしょう。世の中が違って見えてくるかもしれません。大いにご活用いただければ幸いです。

第3章

「人事・組織」で使える計数感覚

第1章

「マーケティング・営業」で使える計数感覚

営業
01

120円のお菓子が万引きされた。損失は？　それをカバーする売上は？

売価120円のお菓子1個を万引きされた。

では、今後、スーパーの損失はいくらだろう？　何個売れば、その損失をカバーできるだろうか？

ただし、仕入原価は1個100円である。

答

スーパーの損失は、仕入原価100円＋機会原価20円＝120円となる。損失120円をカバーするために6個を販売しなければならない。販売管理コストも考えるなら、損失の20倍の売上が必要。

万引き対策で頭を悩ませているお店の方も多いことでしょう。よくテレビドラマで犯人を捕まえて、別室で店長などが、「店は大損害だ。とても困る！」と叱るシーンが放映されますね。犯人は120円程度ならたいしたことはないと勘違いをしている場合が多いものです。困ったものです。そもそも犯人に店の損害を説明しても、理解できないでしょうが、まず店の損害を考えてみましょう。

▼**①原価100円**の商品を万引きされたのですから、**損失は100円**と考えるのが普通の感覚でしょう。仕入代金は支払ったのに、販売できないので100円の損失は確定です。これは**商品減耗損**100円として実際に損益計算に反映されます。**売上原価の増加要因になり、財務会計における現実的な損失**です。

②売価120円が損失という考え方もあります。商品がないために、120円の売上高を実現できなくなります。これは**販売機会損失（チャンスロス）**と呼びます。**万引きで失**

われた売上高のことです。品切れで商品を並べられない場合にも発生します。こちらの方は損益計算書には計上されないので、決算書から分析できないのが問題です。気付かないうちに、売上減少、利益減少の大きな原因となってしまうからです。販売機会損失は、仕入・販売現場の人にとって、欠くことのできない計数感覚です。

売上高が減少している場合に、販売機会損失を疑って対応することで、売上高が回復するケースもあります。

③この商品の粗利益で考えると、もし万引きされなかったならば、得られる利益は粗利益の20円です。その利益を失ったのだから、20円という損失が発生しているという考え方もあります。一般に、「機会原価20円が発生した」と説明されます。機会原価とは、商品が販売できていれば、得られたであろう利益のことです。機会原価という支出が実際にあるわけではありませんが、万引きなどの損失を考えるとき、機会原価を実際の原価に加えて考えます。つまり、商品減耗損100円＋機会原価20円と考えれば、損失総額は120円となり、販売機会損失と一致します。

▼万引きに対する損失の大きさを、従業員にはどのように説明したらいいでしょう。一番わかりやすいのは、売価120円の損失と説明することです。損失120円をカバーする

ために6個（損失120円÷1個の粗利益20円）を販売しなければなりません。売上高で720円（6個×120円）です。たった1個の万引きで、6個も売らないと損失をカバーできないのです。7個目の販売でやっと20円の粗利益です。1個当たり2・8円（20円÷7個）しか粗利益が出なかったことになりますね。

▼しかし、これらの見方は販売管理コストを考えていません。もしそのスーパーの本業の儲けを示す営業利益の売上に対する割合である**売上高営業利益率**が5%なら、販売費などをかけると売上高の5%しか利益が

損失をカバーする
営業利益を得るためには

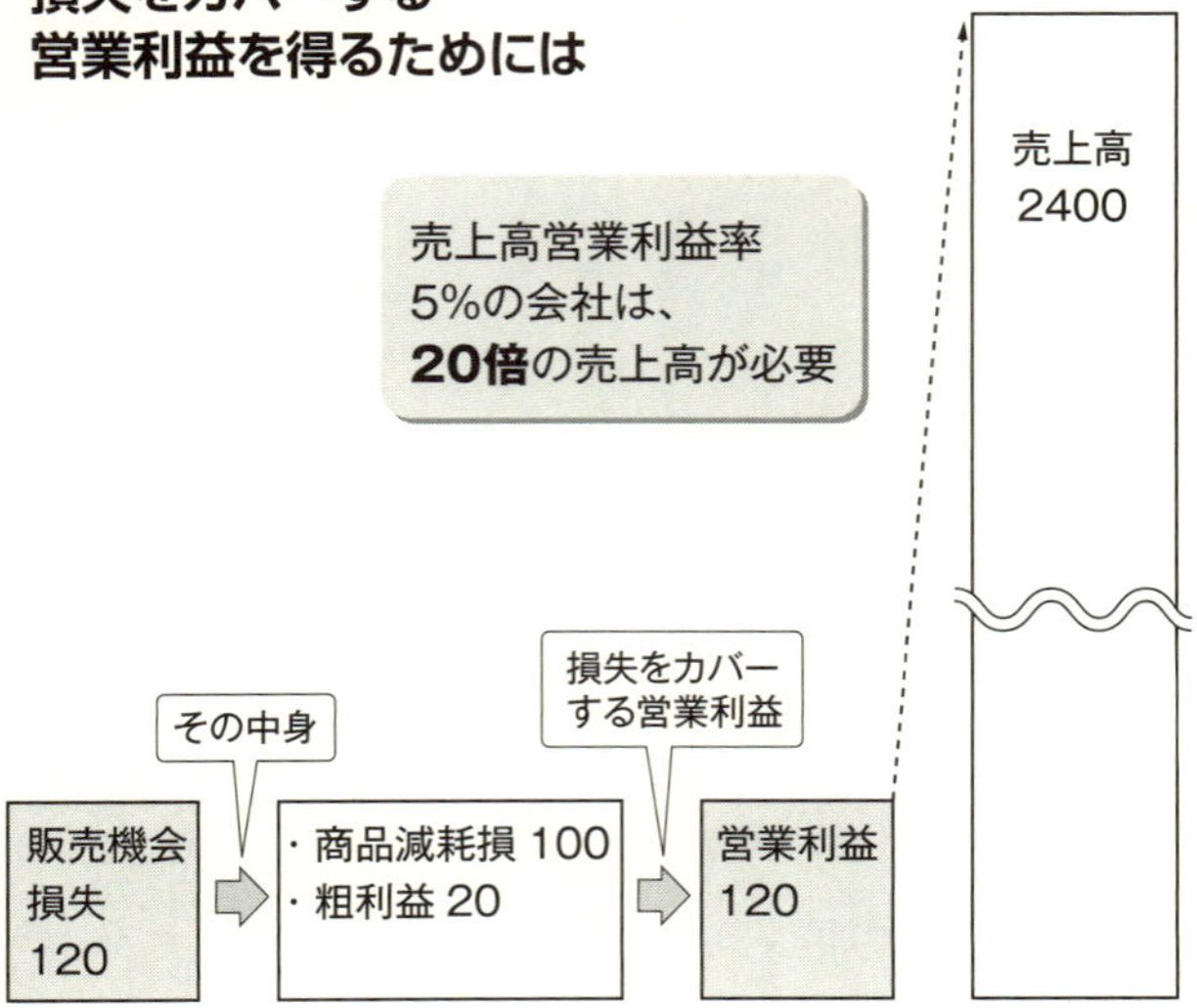

残りませんね。すると、損失120円をカバーするためには、2400円（120円÷5％）の売上高が必要です。なんと**損失の20倍の売上高が必要**になります。菓子1個の損失は、20個売らないと取り返せないのです。

この例を大手企業の規模で考えれば、1店舗の万引きによる損失を1200万円とすると、売上高で実に2億4000万円が必要です。これを考えれば、万引き対策に投資する必要性が見えてきませんか。

キーワード

機会原価

商品が販売できていれば得られたであろう利益、あるいは、何かを選択したことで、失われる利益のこと。財務会計で認識しないが、意思決定をするときは、考慮する必要がある。万引きによって失われた利益は20円と考えれば、機会原価は20円となる。利益率の高い商品が万引きされれば、機会原価も大きくなる。

関連

商品減耗損
販売機会損失

営業

営業 02

なぜいつも「在庫を減らせ」と言われるの？

営業をやっている田中君が、本社の管理部門からよく言われる言葉。

「在庫は悪である」「在庫を減らせ」

「でもよくわからないなあ……。在庫がないとお客さんからの急な要望に対応できなくて、怒られっぱなし。本社は営業の足を引っ張っているよな」

不満いっぱいの田中君へアドバイスしてください。

ヒント

貸借対照表、損益計算書、キャッシュフローの3つの視点から考えると……

答

在庫コストの話、お金が不足する話、売上原価を圧迫する話……などなど、身近な話で説得しよう。

▼在庫コストが発生する

「在庫を持つと、いろいろコストがかかります。どんなコストが考えられるかな？」

「**倉庫代**がかかるかな？」

「そうだね。だから倉庫は地価の安い場所に作るんだよ。後は何か？」

「倉庫には、管理者が必要です」

「在庫を管理するための情報システム利用料やその開発費、**人件費**がかかる」

「人件費は、給与だけでなく賞与、法定福利費、厚生費などがかかるらしいですね」

「よく知っているね。ほかには？」

「まだあるんですか。もうお手上げです」

「在庫を仕入れるときの資金は、もともと借りたか、株主から提供を受けたものです。借入なら金利、株主からなら配当が必要になる。金利や配当のことを**資本コスト**という」

「在庫が少なければ、倉庫スペースも小さくていいし、管理費用も少ないし、在庫分の購入資金とそのための金利や配当などの資本コストも少なくなるんですね」

▼在庫ロスが売上原価を圧迫する

「在庫を持つと、壊れたり、なくなったり、いろいろなことが発生します。**在庫ロス**の発生です」

「そうだ。この間、食料品倉庫で消費期限が来たジュースを廃棄しました」

「**廃棄ロス**だね。廃棄ロスなどの無駄は、売上原価に加算するので、売上原価を増加させる」

「売れた商品の仕入分だけでなく、売れない仕入分（廃棄ロスなど）も売上原価になるから、**売上高－売上原価＝粗利益で、残った粗利益**は小さくなるってことか」

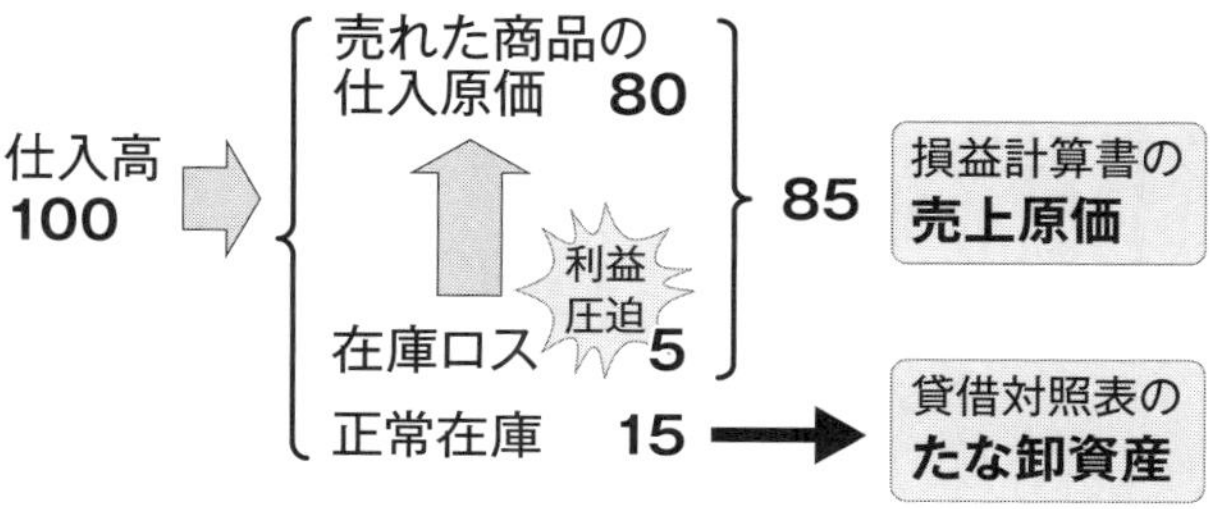

▼キャッシュフローが不足する

「在庫は、販売され入金されるまでは、現金にならない。そのため在庫のうちは、仕入代金を請求され、給与などの経費の支払いが必要になっても、手元にある現金を取り崩して支払う必要があります」

「在庫が売れて、代金が入ってくれれば、手元の現金を減らさないでも済むわけか」

「そうです。**手元の現金が減るということは、実際の現金の出入りを示すキャッシュフローが減る**ということです。もし手元に現金がなければ、借入をしないと支払えませんね」

「借入が増えると、また金利が増えてしまう」

「このように、在庫を増やすといろいろ問題が多いから、管理部門はうるさく言うんですね」

キーワード

在庫コスト

①在庫スペースに要するコスト（賃貸料・保険料）、②在庫管理に要する費用（コンピュータソフト・ハード費用、管理者の人件費）、③資本コスト（金利、配当）、④このほか、発注事務処理のための人件費・輸送費なども必要。

関連

資本コスト
在庫ロス
売上原価
キャッシュフロー

営業

03

得意先の経営状況、危なくないか？

得意先の中小製造業（自動車メーカーの下請け部品製造）の1年間の損益計算書が手に入った。これまで業績は好調だが、景気の影響を受けやすい業種である。貸借対照表は残念ながら入手困難である。

これだけの情報で、この会社の返済能力を判定しなさい。

売上高	16億円	営業利益	5000万円
受取利息	1000万円	支払利息	1500万円
経常利益	4500万円	減価償却費	1500万円

ヒント

支払利息に注目してみると……

答

インタレスト・カバレッジ・レシオ（倍）は4倍、借入金月商倍率は2・8倍とよく、健全といえる。しかし債務償還年数は6年から8年と見積もられ、やや長く、リスクもある。

得意先の情報がわからないけれども、営業が**与信判断**をしなくてはならないケースがよくあります。このケースでは、貸借対照表はなくても、損益情報は手に入った状況を想定して考えてみようというものです。

与信判断をするというのは、**会社が倒産するかどうかを見極める**のと同じです。会社の倒産は、廃業を除けば、仕入代金、給与の支払い、借入金の返済などができなくなってしまうケースがほとんどです。いわゆる**資金繰り倒産**です。そこで、**借入金の返済可能性**で考えてみましょう。

▼損益計算書の情報だけで与信判断をするには、事業利益が支払利息の何倍あるかを見る指標、**インタレスト・カバレッジ・レシオ**（倍）を使います。**この会社の事業利益**（営業利益5000万円＋受取利息1000万円＝6000万円）**が、支払利息1500万円の何倍あるか**を見ると、4倍です。金利が4倍増えても赤字にならないということです。一般的

借り過ぎチェック指標

インタレスト・カバレッジ・レシオ（倍）

事業利益＝営業利益＋受取配当金 受取利息

────────────

支払利息

●4倍以上なら、金利負担力が高い

借入金月商倍率（倍）

借入金（有利子負債）
（短期借入金＋長期借入金
＋割引手形＋社債）

────────────

月当たり売上高

●1.5倍なら安全
●3倍なら注意
●6倍なら危険

債務償還年数（年）

借入金（有利子負債）
（短期借入金＋長期借入金
＋割引手形＋社債）

────────────

営業利益＋**減価償却費**

●分子は営業キャッシュフローを示す
●年数が長いほど、借入金の負担が大きい

にも**4倍以上あれば健全といわれる**ので、問題ないようです。

▼借入金はいくらあるでしょうか。貸借対照表が手に入ればハッキリするのですが、ここでは推定するしかありません。**支払利息1500万円という情報が手がかり**です。支払利息があるということは借入がある証拠ですから、市場金利を想定して借入金残高を推定しましょう。もし平均金利3％なら、借入金は5億円（1500万円÷3％）、4％なら3億7500万円、5％なら3億円です。製造業ですから、長期の設備資金を多く借入していると推定すれば、短期の運転資金を借りるより金利は高いはずです。仮に4％の3億7500万円と想定します。

この借入金残高が安全であるかどうかを判断するには、借入金が月商の何倍あるかという**借入金月商倍率**を使います。月商は16億円÷12カ月で1億3333万円ですから、借入金月商倍率は2・8倍（借入金3億7500万円÷月商1億3333万円）です。一般的に3倍以上で注意、6倍だと危険とされるので、安全領域です。

▼借入金が何年で返済できるのかということもチェックしなければなりません。営業利益5000万円＋減価償却費1500万円で**概算のキャッシュフロー（グロスキャッシュフロー）**6500万円がつかめます。借入金を3億7500万円として、この6500万円

で返済すると、約6年かかります。これは**債務償還年数**と呼ばれる指標です。経済環境の変化が激しい現在では、6年はやや長いですね。景気に敏感な会社なので、この点が心配です。

▼現段階では安全とみられるが、景気の先行き次第ではリスクもある――このような場合、最終的には、**営業が訪問時に鼻を利かせて判断する**必要があります。問題がありそうなケースをあげてみましょう。たとえば、営業で会社を訪問しても社長が不在のことが多い。社員がよく退職する。社員が会社の悪口を言う。整理整頓ができていない……など、いろいろあります。

キーワード

インタレスト・カバレッジ・レシオ（倍）

事業利益が支払利息の何倍あるかを見る指標。事業利益÷支払利息が4倍以上あれば、金利負担力があるといわれている。事業利益は、支払利息を控除する前の利益で、EBIT（Earnings Before Interests and Taxes）とも呼ばれる。

関連

借入金月商倍率
債務償還年数

コラム

「御社の年商はいくらですか？」

私は独立するまでは、企業向けの会計ソフトの営業マンをしていました。会計ソフトを売るのですから、数字が役に立つこと、大切であることをわかってもらわないといけません。会社を訪問するときは必ず、表玄関でなく、裏手の従業員口の方から入るようにしていました。

裏手には、たいてい従業員のタイムカードが並んでいるからです。もちろん手にとって見ることはできませんが、その会社のだいたいの従業員数がわかります。男性と女性、正社員とパートが色分けされていることが多いですから、男女比、正社員、非正社員の数などがわかります。

従業員の数、というのはその会社の規模などを知る大きなヒントです。**1人当たりの売上高**に、その会社の従業員の数を掛ければ、その会社の年商が予想できます。1人当たり売上高は、業界ごとに平均的なラインがあります。たとえば、1人当たり売上高が平均1000万円の業界（事前に調べておきます）の会社を訪問したところ、その会社に10人従業員がいたとします。1000万円×10人で、この会社の年商は1億円だろうと推測できる、というわけです。

いよいよ社長に会ったら、雑談をしながら、「御社の年商はいくらですか?」とたずねてみます。「うちはちっちゃいからね。1億5000万円くらいかな」などと答えてくれたとしたら、すかさず、「すごい売上ですね、社長! よほど効率よい経営をしているのですね」と言ってあげるのです。平均1000万円の業界で、社員10人で1億5000万円の売上があったら、業界の1・5倍の収益力、ということになりますからね。

「なぜそんなに驚くの?」と言われたら、しめたものです。1人当たり売上高と年商との関係を説明してあげます。1人当たり売上高は営業効率を表すもので、**販売生産性**ともいわれます。生産性が高いほど、収益性も高いといえます。すなわち、この数字が高ければ高いほど、効率的な経営をしている、ということになります。

このように説明すると、たいていの社長はニヤリとほくそ笑みます。かくして、商談成立、というわけです。これって「計数感覚」のご利益なんですね。

営業 04

ホテルとスーパー、ポイント発行が有利なのはどっち？

どの業界も値下げやポイントの発行で、売上高のアップに力を入れている。

ホテルと食品スーパーとを比較しながら、以下の質問に答えなさい。

①目標売上の設定に関して、同じ点、異なる点を指摘しなさい。
②ポイントの発行で有利なのはどっちだろう。

ヒント

売上アップという視点と利益アップという視点で考える

答

①ホテルは、一定水準の売上の達成が目標。食品スーパーは、ホテルよりも売上高の拡大が可能。
②ホテルの方が、粗利益率が大きいので有利。

お店にとって、値下げやポイント発行によって、顧客が増えるのはありがたいですが、同時にいろいろ問題も出てきます。食品スーパーでは、値下げ目当ての一見《いちげん》客（スーパーにとっては新規客という認識？）が増え、常連客が買い物をしにくくなります。混雑して来店を控える人も出てきます。ホテルも状況は同じです。予約が殺到して、断らなくてはならない状況ができると、常連客の予約がとれない、ということもあります。

▼状況は同じように見えますが、売上目標設定に関する考え方は、食品スーパーとホテルでは本質的に異なります。

ホテルの場合、いくらお客さんが来ても、**部屋数に限りがあるので、売上増加には上限があります**。これに対して食品スーパーでは、**品切れさえ注意すれば、売上をかなりアップすることが可能**です。また代替品の購入、ついで買い、関連購買によって売上アップ策はさらに効果をあげられます。

一般的なホテルで、10%の増収はあっても、20%、30%の増収は、部屋数に限りがあるので難しいのに対し、食品スーパーでは、特需でかつ売れる商品さえ確保すれば、2倍の大幅増収も可能になります。おのずと販売目標が違ってきますね。

ホテルは、部屋数に応じた売上の限度がハッキリしているので、100%稼働をめざし、**一定水準の売上高の確保**が重要な経営課題になります。食品スーパーは、**仕入れた商品の回転を上げる**（仕入れた商品がすぐ売れる）のが、ホテルより容易なので、**売上高の拡大**を積極的に打ち出すことができます。

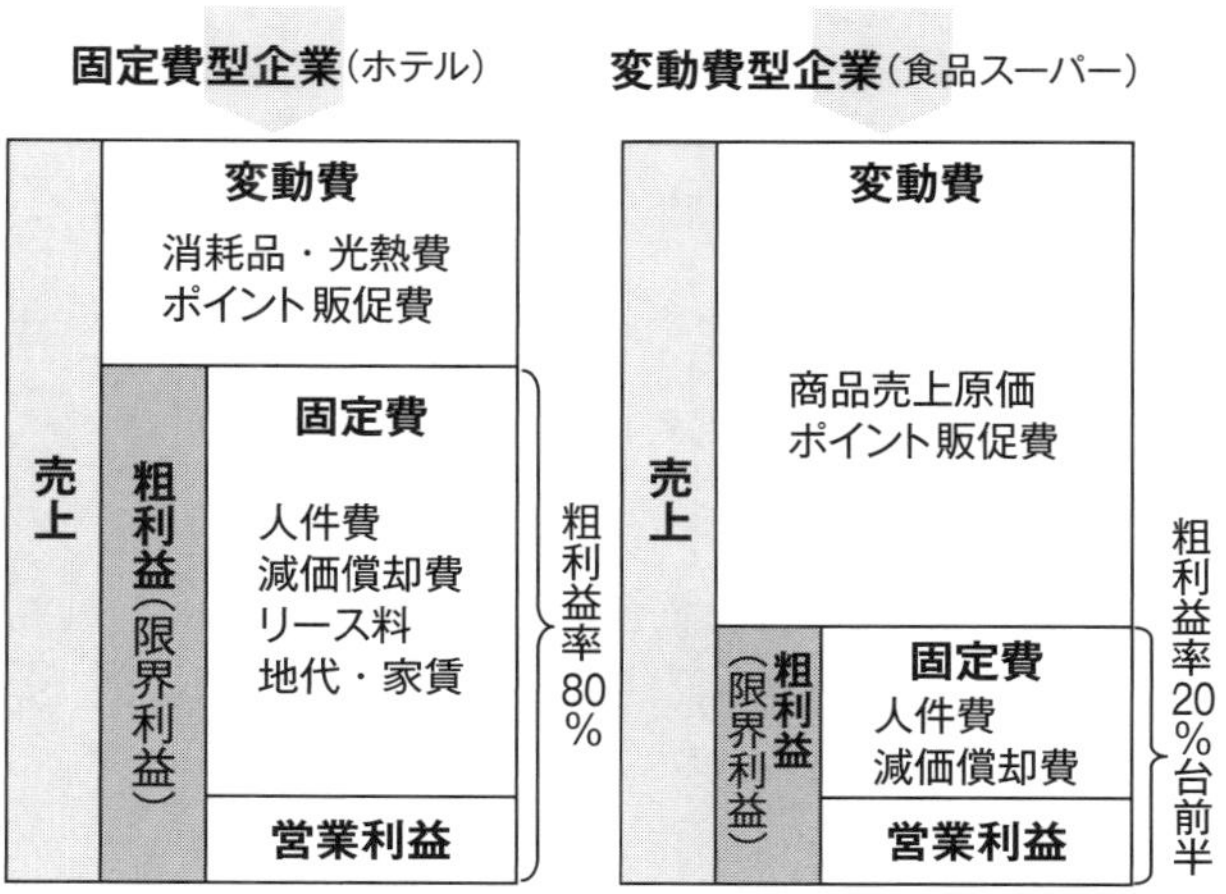

★ポイントを発行する余裕は、粗利益（限界利益）率の大きいホテルが有利

▼この違いは、**費用構造の違い**と関係があります。ホテルは、費用の大部分が、人件費や建物や設備の減価償却費、リース料などの**固定費**で、**固定費型企業**です。固定費型企業は、**労働集約的か設備集約的な会社**です。一方、食品スーパーは、売上原価率が70％以上あるように、**商品売上原価などの変動費が大部分**で、**変動費型企業**です。外部依存型企業といってもいいでしょう。

▼では、ポイント発行はどちらに有利でしょうか。ポイントは、発行すると**ポイント販促費**になります。販売に応じて発生する**変動費**です。**売上高から変動費を控除した粗利益**（**限界利益**）の**売上に対する割合**（**限界利益率**）は、ホテルと食品スーパーではどちらが大きいか考えます。前ページの図を見てください。食品スーパーが20％台前半なのに対し、ホテルは80％もあります。

もともと**粗利益率**（限界利益率）が小さい食品スーパーで、さらに変動費であるポイント販促費を多く使うと、粗利益率が下がり、すぐに固定費を支払う原資を圧迫します。**粗利益率が大きいホテルの方がポイントの発行には有利**といえるのです。

スーパーなど粗利益率が低い業種にとって、ポイントは利益を圧迫するため、ポイント還元率が非常に低く設定されていることも多いですね。ポイントカードを作らされたものの、ちっともたまらない、という不満をお持ちの方も少なくないのではないでしょうか。

キーワード

変動費

売上高に応じて発生する費用。商品売上原価のほか、材料費、消耗品費などがある。ポイント販促費は、売上に応じて発生するので変動費である。

関連

固定費
限界利益率
ポイント販促費
売上債権回転日数

営業
05

「売上至上主義」の弊害は？

顧客に有利過ぎる金融をつけることによって、販売量を増加させている企業は、実はその増加分を【A　】のであって、【B　】のではない。【A　】市場は長続きしない。

①右記は、ドラッカーの文章から引用したものです。A、Bに適当な語句を考えなさい。
②一般の事業会社の場合、「顧客に有利過ぎる金融をつける」と、どのような勘定科目が増加するでしょうか。2つ以上答えてください。

ヒント
金融とは、お金の貸し借りのこと

答

①Ａ：買った　Ｂ：稼ぎ出している
②売上高　売上債権（受取手形　売掛金）在庫、結果として、借入金、金利

問題の文章は、経営学者Ｐ・Ｆ・ドラッカーの『未来企業　生き残る組織の条件』（ダイヤモンド社）の中で述べられているものです。ドラッカーは、会社の経営を自動車の運転にたとえて、５つの計器が必要と述べています（Ｐ53コラム参照）。その１つに、**流動性とキャッシュフロー**を挙げています。問題は、その一節です。

▼一般的に、金融とは、お金の貸し借りのことです。つまり、「顧客に有利過ぎる金融をつける」とは、「顧客に有利な条件でお金を貸すこと」です。顧客にお金を貸すとは、販売代金をすぐに受け取らず、請求書を発行して後から回収することです。**売上債権**が発生します。売上債権は、売掛金など**受取利息が発生しない得意先への貸付金**です。得意先にとっては、こんな都合の良い借入金はありません。しかも金利ゼロです。得意先では、負債として**買入債務**となっています。

販売したい商品が、機能面などで競合商品と差別化できなければ、売上債権の回収期間

を競合他社より長くして、販売することもあります。お金を貸して、商品を買ってもらったに等しいですね。販売した会社では、**売上債権回転日数**が長くなり、販売代金の回収が遅くなり、手元資金が不足していきます。**運転資金**が不足するということです。

▼このようなことになる会社は、**売上至上主義**に陥っている可能性があります。販売数量のアップを追求して、売上高アップをめざします。販売数量をアップさせるために、在庫は常に多めになります。売れない在庫も混じっています。**在庫の増加**は、さらに**手元資金を不足**させます。

商品の差別化ができないと、**値下げ競争**に陥ります。安く売るために、仕入原価を下げなければなりません。そのため大量仕入を行い、支払いを現金で行うか、支払いを早めることになります。結局、**買入債務は減少**し、手元資金はますます不足します。

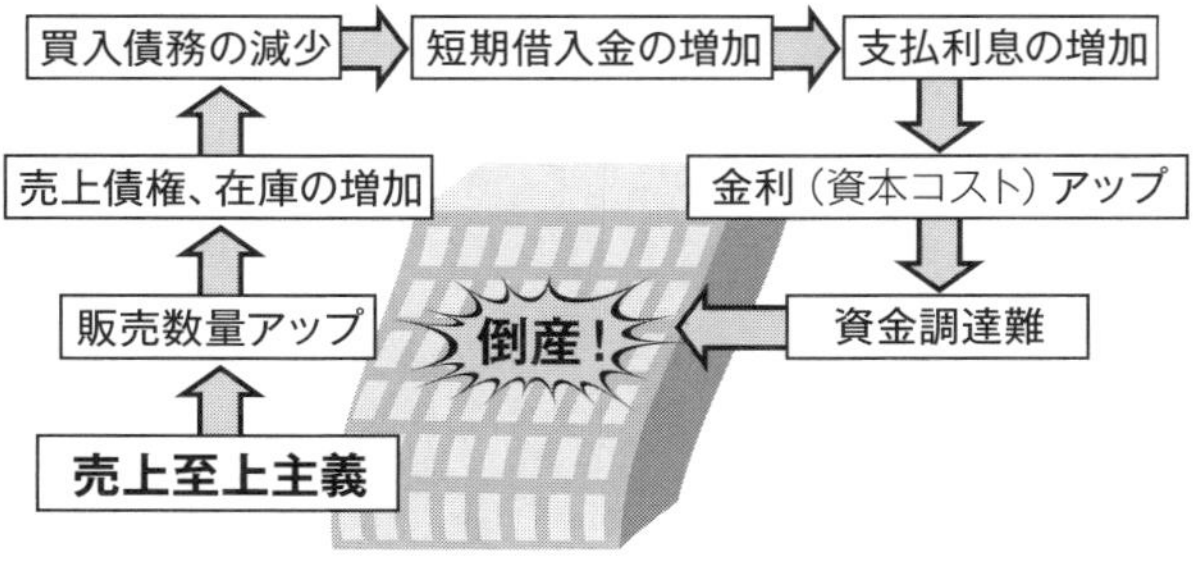

▼仕入などの支払いに充てる運転資金が足りなくなると、借入をして資金を調達します。数カ月で返済する**短期借入金**が増えていきます。

金融機関はこの会社の**安全性**、**収益性**などを分析しますが、これではよいわけはありません。貸付条件としての金利がアップしていきます。その結果、支払利息が増加し、営業利益が出ていても、最終損益である**当期純利益**は悪化していきます。短期借入金が一定限度を超えると、金融機関は、会社の借入要望を断るでしょう。

会社は、商工ローンなどノンバンクに頼らざるを得ません。金利が高くなるので、ますます支払利息が増加していきます。ノンバンクからも借入ができなくなると、倒産にまっしぐらということもあります。こうなる前にどこかで歯止めが必要です。

キーワード

運転資金の調達高

（売上債権＋在庫－買入債務）で把握される。この指標がプラスで大きくなっていくと、営業キャッシュフローが減少し、運転資金が不足する。運転資金の調達必要額と理解しよう。なお、運転資金とは、商品の仕入や経費の支払いなど通常の業務で必要となる資金（現金預金）のこと。

関連

売上債権
在庫
買入債務
短期借入金
貸付金

コラム

会社の成績を読む5つの計器

P・F・ドラッカーは、会社の成績を評価することについて、「会社がどのように事業を運営し、正しい方向に向かっているのかをチェックする必要があり、そのためには、たくさんの計器をチェックする必要はなく、5種類もあればよい」と述べています。計器を計数と読み替えてみると、会社経営における計数感覚の重要性が見えてきます。計数（計器）と経営の関係について考えてみましょう。

▼5つの計器とは次の通りです。

①市場における地位
②イノベーションの成果
③生産性
④流動性とキャッシュフロー
⑤収益性

第一は、市場における地位。計数に置き換えれば、**シェア**、**売上高**、**生産高の動向**をしっかり把握することです。シェアは、売上高、販売数量、出荷高で測ります。シェアが大きい企業は、仕入交渉力がアップし、原材料などの仕入単価の低下につながります。さらに生産・販売数量が大きくなると、1個当たりの固定費が低下し、製造原価を下げることができます。価格競争が激しい業界では、**製造原価の低下**は、価格競争力の源泉になります。

第二のイノベーションの成果。計数でいえば、製品の開発から発売までのリードタイムの短縮、つまり**スピード**が重要ということです。タイミングを逸すると、製品がよくても市場に受け入れられない可能性もあります。そのためには、**経営戦略の一貫性**を持たせて、研究開発費を投入する分野をしっかり判断する必要があります。

第三は生産性。生産性とは、単位当たりの指標です。1人当たりの売上高や付加価値、1時間当たりの生産量などです。生産性分析で最も重要な計数は、付加価値でしょう。**付加価値**がなければ、人件費も利益もリース料も支払えません。付加価値が人件費に分配された割合は、**労働分配率**といって、適正な分配が行われているかの判断に有効です。

第四は流動性とキャッシュフロー。問題で取り上げた「有利過ぎる金融」の話と連動しています。会社の存続に直接に関係する計数の視点です。**流動比率**、**自己資本比率**、**営業キャッシュフロー**、**投資キャッシュフロー**などが考えられます。

第五は収益性。収益性とは、投資額に対するリターンの割合です。経営資源である総資産をいかに効率よく活用し、利益を生み出しているかを表す**ROA（総資産利益率＝利益÷総資産）**や株主の投資利回りである**ROE（自己資本当期純利益率）**が代表的指標です。ROAは、売上高利益率と総資産回転率の積で表せるので、ROAアップのためには、売上高利益率をアップする高付加価値戦略と、総資産回転率をアップする低価格・シェアアップ戦略の2つの方向があることがわかります。短期的なROAのアップではなく、中長期の視点から、自社の戦略として、売上高利益率と総資産回転率のどちらの指標を重視する必要があるかを判断し、実行戦略を考えることが、重要ではないでしょうか。

▼ドラッカーは次のように述べています。

「実務家にとって重要なのは、数値の絶対値ではない。傾向である」

管理会計の導入を検討する際に、理論的で正確な数字を算出するための分析手法を議論するうちに、管理会計の導入をあきらめるケースも見られます。重要なのは分析手法ではなく、データを蓄積して計数のトレンドをつかむことなのです。早く計数による業績管理を導入し、計数のトレンドを分析するための環境構築（データの蓄積）を急ぐことが最も重要です。データの蓄積過程で、分析手法を修正していけばいいのです。

営業

06

どうしても値引きできないクツの修理専門店の裏事情とは？

愛用のクツの修理を考えている。地元のクツ修理専門店のA店、B店を見つけて、調べてみた。どちらの店も20坪くらいの小さな店で、店員の対応も良い。修理代も3000円と違いがなく、技術的な違いもない。A店では、ときどき値引きセールを行っている。B店に行って、A店が値引きすることを言ったら、「うちの店では、そのようなことはできない」と言う。

①A店とB店には、経営のやり方に本質的な違いがある。それは何だろう？
②売上高は、どちらが大きいだろうか？
③あなたは、どちらの店を使うだろうか？　その理由も答えなさい。

ヒント

値引き原資に注目

答

①A店は、クツの修理を自分の工房で行っている。B店は、外注先を使って、クツの修理を行っている。
②外部に委託しているB店の方が、数量を扱えるので、売上高は大きい。
③個人差があるので断定できないが、愛用のクツなので、今後もいろいろ相談したい。よって自分のところで修理を行っているA店を選びたい。

低価格志向のお客をつかんで、必死で売上をあげ、値下げ攻勢に一生懸命のお店はよく見かけます。これに対して、値下げはせずに、従来の価格を維持するお店もあります。

前者は、差別化できない商品・サービスなどを販売しているため、**価格競争**に陥った食品スーパー、家電量販店、ファミレスなどで多く見られます。後者は、**高付加価値戦略**のお店で、専門店、高級ホテル、百貨店、コンビニなどに見られます。

さて、問のクツ修理店の場合はどうでしょう。

▼A店は、ときどき値引きセールを行っているので、低価格志向を強めたお客の心をつかもうと必死なのでしょうか？　A店、B店とも、修理代に違いがなく、技術力にも差がなく、店員の対応にも違いがありません。この場合、価格が低い方の店にたくさんお客は集

まるはずです。ならば、ときどき値引きしているA店の方が、売上高は大きいはずですが、本当にそうでしょうか。

▼A店とB店の違いは、何でしょう。同じような価格、接客サービスにもかかわらず、B店は値引きができないという点です。**この違いをどう読むかが計数感覚のポイント**です。

もしどちらかが高付加価値戦略のお店であれば、明らかに価格やサービスに差が出ます。そこに違いがないので、戦略的理由でなく、B店は値引きができない事情がありそうです。

▼B店が値引きできない（しない）のは、**粗利益率が低い**からです。A店は、粗利益率がB店より大きいのです。粗利益率が低い理由は、経営のやり方に違いがあり、その結果、売上原価の内容に

修理を外部に委託
B店
薄利多売のため値引きはできない
自分の工房で修理
A店
粗利益率が高く値引きする余裕がある

違いが出るためです。どのような違いでしょうか。

A店は、自分の工房で修理をしています。修理の**内製化**です。そのため**修理代の原価は材料費だけ**です。手間賃は給与ですが、売上原価に参入しません。**粗利益率**は、80％で、値引き余地は十分あります。ときどき値引きセールをして、得意客への顧客サービスができるのです。

一方、B店は、修理を外部に委託しています。材料代、手間賃、外注先の利益などの合計が、**外注加工費**となります。修理品の配達費もかかります。これらがB店の売上原価になり、粗利益率が10～20％と低くなります。

粗利益が少ないので、薄利多売になります。外注先が複数あれば、注文を増やしても対応可能です。量を扱えるので売上高はA店より大きくなりますが、利益はあまり残りません。

▼修理を自分で行っているA店に頼めば、愛用のクツが

キーワード

外注加工費

部品加工などを委託した際に支払う費用。材料を支給して加工を頼めば、手間賃、外注先の利益、送料などが外注加工費となる。内製化すると、材料費のほか、労務費、減価償却費、水道光熱費などの固定費がかかるが、技術などの伝承ができるため、付加価値を生み出せる。

関連

内製化
粗利益（率）

また傷んでも、いろいろ相談に乗ってもらえそうです。ちょっとした修理なら、無料で対応してくれるかもしれません。B店のような店は、外注に任せているので、このようなきめ細かい対応はできないでしょう。A店は家族経営の老舗的な店、B店はフランチャイズの加盟店などに多いケースです。あなたなら、どちらを選びますか。

営業

07

A、Bの2商品の販売を中止すべきか？

下の表は、3つの商品に関する販売データである。

A商品とB商品が赤字なので、販売を中止すべきか検討している。どのように判断するか考えなさい。

C商品の販売増には限界があるため、現状を維持する。

但し、商品ごとの販売費は、適正に把握され

営業部の成績

	A商品	B商品	C商品
売上総利益	2,300	2,600	2,400
販売費	2,900	3,250	1,900
・販売促進費	1,800	1,700	1,000
・販売員給与	400	600	400
・商品倉庫代	100	200	100
・発送配達費	400	600	300
・消耗品費	200	150	100
営業利益	−600	−650	500

ている。
また、販売中止でも販売員の解雇はしない。
倉庫代はＡ・Ｂ商品共通の倉庫代である。

ヒント

販売費を2つに分類して、その性格の違いに注目しよう

答

A商品は、販売中止する。B商品は販売を続ける。

このような問題を考えるときは、他の条件（経営環境や販売条件など）は変わらないものとして、一定の数値の動きを見ることがポイントです。

▼売上高に関するデータがないので、**売上総利益率**（**粗利益率**）は計算できませんが、**売上総利益に占める費用の構成比を分析する**と各商品の売り方や課題が見えてきます。

A商品は、販売促進費の割合が多いのに営業赤字です。B商品も同様です。C商品は、販売促進費の割合が少ないのに営業黒字になっています。これは効率のよい販売推進活動ができているということでしょう。

▼「商品ごとの販売費は、適正に把握されている」という但し書きがあります。どのような状況であれば適正といえるでしょうか。

販売員の給与は、売上高への貢献度に応じて把握されていると考えられます。たとえば、商品ごとに担当が決まっていて、誰の売上高かを認識できる体制であれば適正です。

商品倉庫代は、各商品に共通の倉庫代です。そうなると各商品の占有スペースを管理し把握できれば、倉庫代の総額を、商品占有スペースで配分できれば適正です。

他の販売費も、商品との関係を考慮して把握しているので適正と考えてください。

▼この問題を考えるには、販売費を2つに分類する必要があります。販売促進費、発送配達費、消耗品費のグループと、販売員給与と商品倉庫代のグループです。

前者は、商品の販売を中止した場合発生しない**節約可能費**です。後者

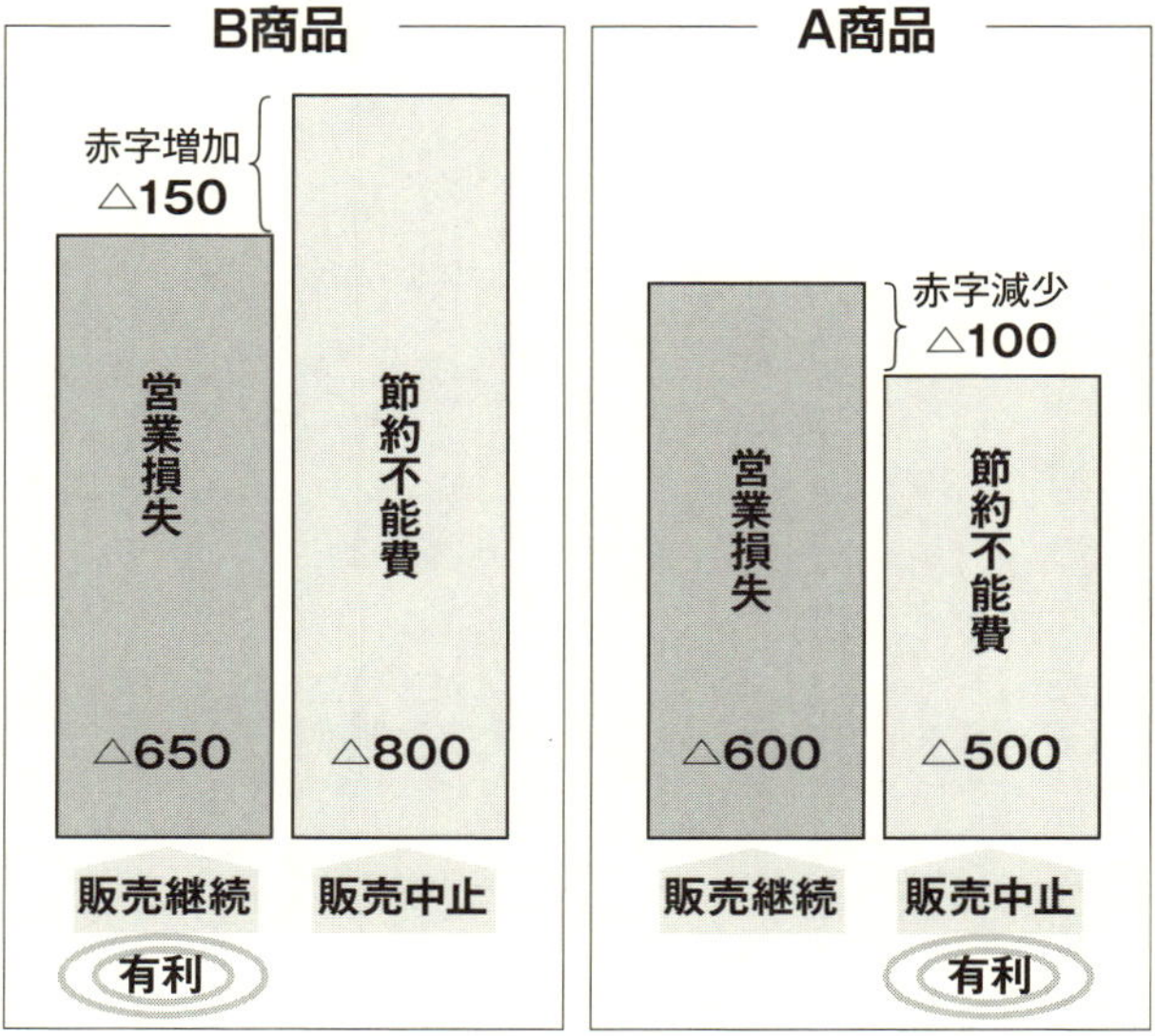

は、販売を中止しても発生を回避することができない**節約不能費**です。販売員は解雇しないし、倉庫はほかの商品を保管しているので、発生を回避できません。A商品の節約不能費は、販売員給与400と商品倉庫代100の合計500で、B商品は800です。

A商品の販売を中止すると、売上総利益と節約可能費がゼロとなるのですが、節約不能費500は発生し、△500の赤字が残ります。しかし、中止しないとA商品の赤字はもっと大きい△600なので、販売を中止した方が、赤字が100減少します。

B商品の販売を中止すると、節約不能費800が発生し、△800の赤字が残ります。中止しなければB商品の赤字は△650です。販売中止することでかえって、赤字が150増えてしまいます。

この分析から、A商品は、販売を中止した方が赤字が減るので、全体の利益にはプラスになり有利です。B商品は、たとえ赤字でも継続して販売した方が全体の利益にプラスになります。

以上のことからわかるのは、赤字だからすぐに販売中止するという**安易な判断をすると、赤字をさらに増やしてしまうケースがある**ということです。赤字の大きな会社を倒産させることができない理由も、発生を回避できない節約不能費が、赤字額より大きい場合は、会社を存続させた方がいいという判断になることがありますね。この問題と同様な事情が隠れているのです。

キーワード

節約可能費

販売中止などで、発生を回避することができる費用。管理可能費ともいう。

関連

節約不能費
販売費

コラム

商品販売中止のその後

B商品は、販売を継続するので、販売方法の改善などで赤字を縮小し、黒字化をめざす計画です。A商品は、販売を中止しても、節約不能費500は発生を回避できません。つまり販売員給与と倉庫代に500かかるということです。

この余った販売力500を、C商品の販売に活かすことも考えられますが、販売の増加に限界があるため、この会社では新たな商品であるZ商品を販売しようと計画しています。そこで質問です。

Z商品の販売で、売上総利益は2000を稼げる予想です。Z商品の販売には、特別な資格者が必要です。特別な資格者の人件費などを含め、新規で販売費が1600発生します。Z商品は専門品なので、A商品の在庫スペースと販売員は転用できません。ドラッグストアで新たに薬剤師を雇って調剤薬局を開設するケースをイメージしてください。

さて、このような状況で、Z商品の販売を行った方がいいでしょうか？

売上総利益2000から販売費1600を控除すると400の利益が出ます。しかし、A商品の販売員給与と在庫スペースの費用500を控除すると△100の赤字になります。

ただ、A商品の節約不能費500は、Z商品の販売を実施してもしなくても発生するものです。500は、Z商品を販売するか否かの意思決定には、影響しない、関係しないという意味で、**埋没原価**、**無関連原価**と呼ばれます。管理会計上の原価の考え方です。

ほかに有効な策が見つからないなら、Z商品の販売によって400の新たな利益が生まれるので、A商品の節約不能費500を考慮して、赤字でもZ商品の販売を進めた方が、進めないよりは、有利になります。

その後、Z商品の販売計画を進めながら、A商品の販売員と在庫スペースの有効活用、赤字のB製品の黒字化策を考えていかなければなりませんね。

営業

08

「黒字倒産」の可能性が高い会社はどう見分けたらいい？

同じ業界で競争しているA社、B社、C社がある。経済危機などで、急激な需要の減少が起きたときに、

①どの会社が、危機に直面するだろうか？

②どの会社が、業績を伸ばすだろうか？

ヒント

収益性分析で会社の成長戦略を読もう

A社	5年前	現在
売上高	100	200
営業利益	10	40
総資産	100	400

B社	5年前	現在
売上高	100	200
営業利益	5	20
総資産	100	200

C社	5年前	現在
売上高	100	200
営業利益	15	14
総資産	150	140

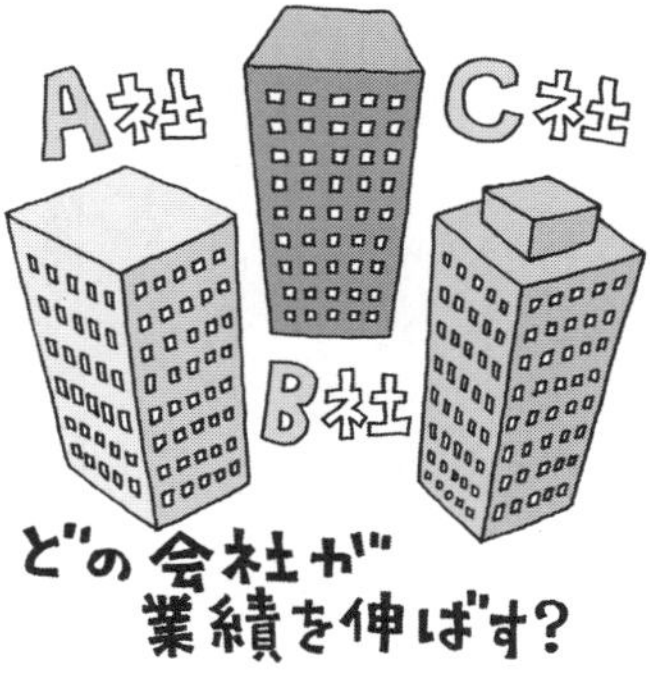

答

①危機に直面するのはA社、②業績を伸ばすのはC社である。

この問題は、**収益性**と**安全性**という2つの視点から会社を見る計数感覚を問うものです。営業担当者にとっては与信管理として、経営企画にとっては財務指標の目標として理解を深める必要がある視点です。

A社、B社、C社の計数情報で、収益性分析ができます。問の「危機に直面する」とは、大幅な赤字に転落するか、倒産の可能性が出てくることを意味し、安全性を問うものです。

収益性は、投資したお金に対して、どのくらい利益を生んだのかという割合です。代表的な収益性の指標は、**ROA（総資産利益率）**で、ROAを**売上高営業利益率**と**総資産回転率**に分解し、2つのうちどちらの計数の影響が大きいか分析すると、経営戦略の動きも見えてきます（左図）。

▼それでは、各社の収益性分析の表（P74）を見てみましょう。A社は、5年前とROAは10％で同じです。内容を見ると、売上高営業利益率は大幅にアップ（10％⇒20％）して

いるのですが、総資産回転率が半分（1回⇒0・5回）になっています。この動きがどのような経営活動かを推測してください。

A社の売上高営業利益率は、他の2社より、現在は最も高くなっています。この会社は、現在、高付加価値戦略をとっていると推測できます。多くの資産を抱えている状態なので、総資産回転率の悪化は、問題が隠れていそうですね。固定資産なら工場・店舗設備や子会社・関連会社株式、流動資産なら在庫や売上債権などが考えられます。

▼B社は、5年前と比べROAがアップ（5%⇒10%）し、収益性は大変によくな

収益性分析の仕方

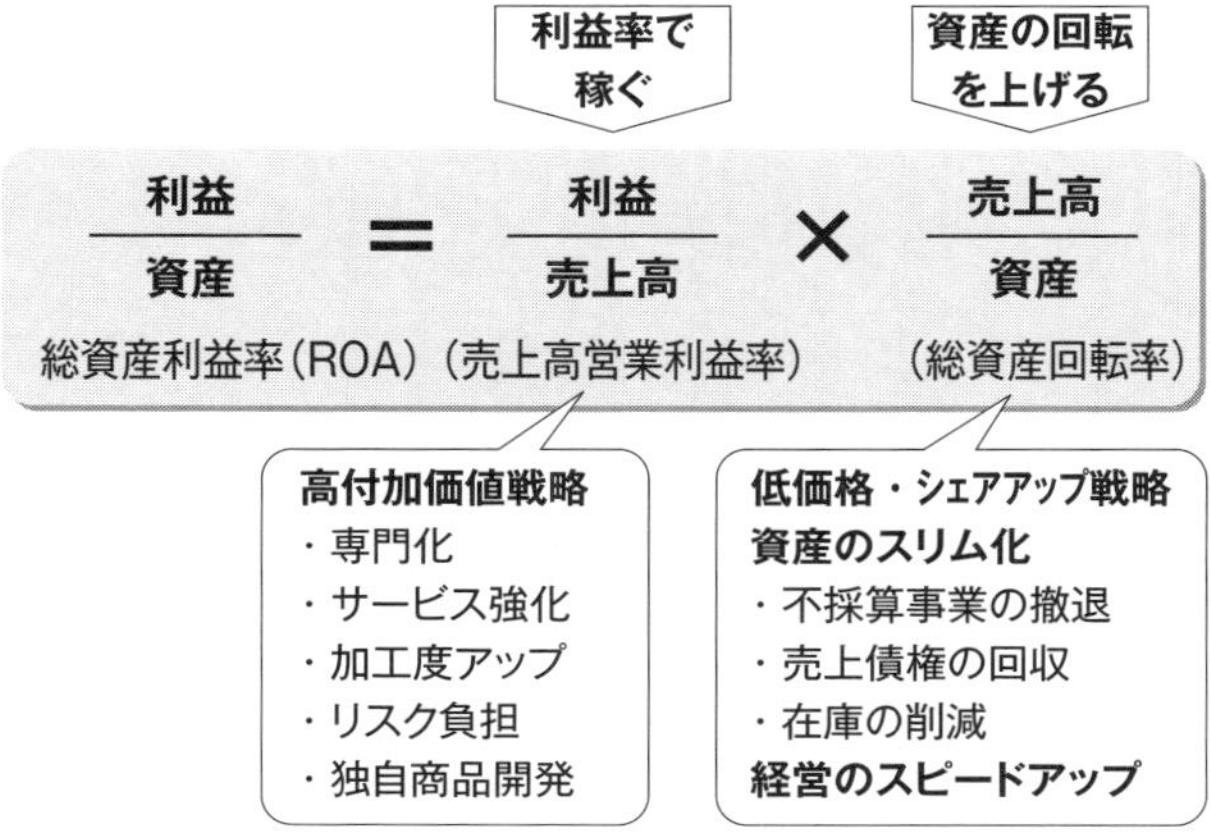

っています。総資産回転率が1回転と変わらないため、売上高営業利益率のアップがそのままROAのアップに直結しています。このようなパターンは、一貫して、売上高営業利益率を重視した高付加価値戦略をとっていて、戦略にずれがないと推定できます。特殊技術をコアにして製品開発を行う専門メーカーやブランドショップなどの専門店に見られます。

▼C社は、Aと同じで、ROAは10%で5年前と変化がありません。しかし、中身に大きな動きが見られます。売上高営業利益率が大きく低下（15%⇓7%）していて、高付加価値戦略を放棄したように見えます。その証拠に、総資産回転率が0・7回から1・4回と倍になっています。この動きは、回転率を重視した戦略に転

各社の収益性分析

A社	5年前	現在
売上高営業利益率	10.0%	20.0%
総資産回転率	1.0回	0.5回
ROA	10.0%	10.0%

B社	5年前	現在
売上高営業利益率	5.0%	10.0%
総資産回転率	1.0回	1.0回
ROA	5.0%	10.0%

C社	5年前	現在
売上高営業利益率	15.0%	7.0%
総資産回転率	0.7回	1.4回
ROA	10.0%	10.0%

売上高、営業利益、総資産の推移

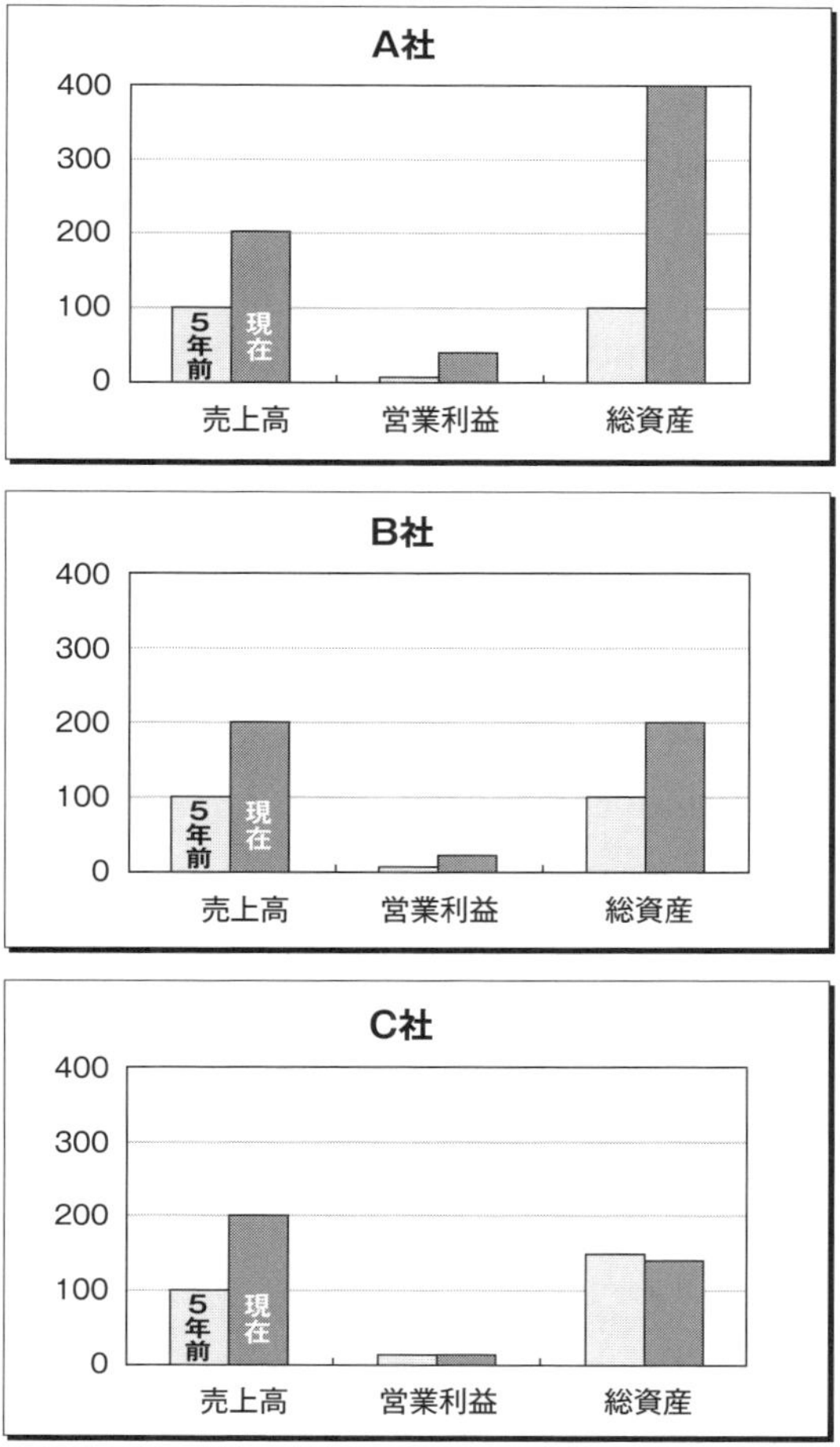

換した場合に表れます。高価格販売から低価格販売に、戦略転換した場合に見られる傾向です。この動きは単なる値引き合戦の結果ではありません。単なる値引き合戦なら、売上高営業利益率が今よりもさらに悪化し、ROAが下がってしまうことになるからです。

▼設問に対する理解を促進するために、マンションや戸建ての分譲を中心とする不動産会社をイメージしてください。

①販売用のマンション、戸建て住宅は、不動産会社にとっては在庫です。好景気のときには、住宅需要も旺盛で、住宅開発が進みます。土地や住宅の価格もアップして、結果として、売上高営業利益率もアップします。このとき急激な需要減少が起きました。

直前の決算まで利益が出ていたのに、在庫である住宅がいきなり売れなくなりました。在庫を抱えて、資金繰りに行き詰まります。建設資金の支払いは先行するので、資金が不足してきます。不足分は銀行に借りますが、急激な信用収縮で銀行も慎重になって貸してくれません。この時点で会社は資金繰りに詰まって、事業継続ができなくなります。これが**黒字倒産**です。

自動車や電機メーカーも販売が好調だったため、かなりの在庫を抱えていました。そこに需要減退が起きて、在庫調整のために生産を縮小し、派遣切りなどの社会問題を生み出しました。

需要減の影響をすぐに受けるのは、資産を抱えた会社です。このような会社は、A社のような収益構造を持っています。P75の棒グラフを見れば、A社の総資産の伸びの大きさがハッキリわかりますね。

▼②逆に、需要減になったときに最も業績を伸ばす会社は、C社でしょう。急激な需要減少は、まさに不況です。生活防衛意識が、消費者に芽生え、高級品は売れなくなります。

C社は、5年前の高付加価値戦略から、時代にマッチした低価格戦略へと戦略転換していると考えられます。時代の波に乗って売上高、利益ともに伸びていくでしょう。

実は、B社も伸びる可能性があります。本質的に変わらないよいものは支持されるという傾向があるので、高品質で低価格を実現できれば、顧客の支持を集めることは可能です。高品質・低価格を長年にわたって徹底してきたユニクロを経営するファーストリテイリングの業績が好調に推移したことがその例です。

キーワード

ROA（総資産利益率）

投資総額を示す総資産に対して、どのくらいの利益を生み出したかの割合。

ROA＝売上高利益率×総資産回転率なので、それぞれの内容を分析することで、経営の方向性が見えてくる。利益には、営業利益、経常利益、当期純利益などが用いられる。

関連

売上高利益率
総資産回転率
収益性分析

コラム

黒字倒産を理解するために

黒字倒産とは、「利益が出ているのに、会社が倒産してしまうこと」です。ここでいう黒字とは損益計算書上の利益のことで、実際に手元に残るキャッシュフローのことではありません。利益とキャッシュフローの違いが理解できれば、黒字倒産がなぜ起きるかを理解できるはずです。

キャッシュフローは、仕入、生産、販売促進、売上などの営業活動から発生する営業キャッシュフロー、設備投資、M&Aなどの投資活動から発生する投資キャッシュフロー、借入やその返済、増資、自社株買いなどの財務活動から発生する財務キャッシュフローの3つに分類されます。営業キャッシュフローが黒字になって、資金が増えていくことが、最もよいパターンです。しかし、黒字倒産する会社は、営業キャッシュフローがなかなか増加しないので、借入（財務キャッシュフロー）が増加し続け、やがて銀行が資金を貸さなくなって、資金繰りに行き詰まるパターンが多いのです。

▼営業キャッシュフローは、**営業利益＋減価償却費－支払税金－在庫の増加額－売上債権の増加額＋買入債務の増加額**で大まかにとらえることができます（利益を起点にキャッシュフローを算出する方法で、間接法と呼ばれています）。この式を見ると、営業利益と営業キャッシュフローの違いがわかります。

①売上債権の増加額だけ、営業キャッシュフローが減少する。

ある期間（たとえば第3期とする）で、売上債権が増加する（たとえば1億円増加する）ということは、第3期の売上高のうち1億円は回収することができず、入金がなかったということです。

つまり売上高1億円から計算される営業利益は増えますが、営業キャッシュフローとして入金されていないことを意味します。そのため、売上債権の増加額を営業利益からマイナスすることで、営業キャッシュフローに近づけます。

②在庫の増加額だけ、営業キャッシュフローが減少する。

ある期間（たとえば第3期とする）で、在庫が増加する（たとえば3000万円増加）ということは、仕入れたけれど売れなかった在庫が、第3期に3000万円あったということです。仕入代金は支払ったと考えると、営業利益で増える営業キャッシュフローは、在庫3000万円の支払い分で相殺されてしまいます。これが、在庫増加分を控除するという意味です。（※営業利益を求めるとき、仕入れ分のうち売れた分〈売上原価〉しか控除されません）

③買入債務の増加額だけ、営業キャッシュフローは増加する。

ある期間（たとえば第3期とする）で、買入債務が増加する（たとえば5000万円増加する）ということは、第3期の仕入高のうち5000万円は、支払っていないということで、5000万円だけ第3期は資金に余裕が出ます。②の在庫の増加分3000万円は、資金不足をもたらしますが、5000万円は支払っていないので、5000万円－3000万円＝2000万円だけ余裕が出ていることになります。

④結局、営業利益で増加するはずの営業キャッシュフローは、売上債権の増加1億円、在庫増加3000万円だけ相殺され、買入債務の増加5000万円分が増加し、1億＋3000万円－5000万円＝8000万円だけ、営業利益で増加するはずの営業キャッシュフローにマイナスの影響があるのです。

▼以上を理解していれば、黒字倒産が起きる理由は、営業利益で増えるはずの営業キャッシュフローが、在庫や売上債権の増加によって、相殺されてしまうことに原因があることがわかるでしょう。

営業キャッシュフローに悪影響を与えるほどの在庫の増加や売上債権の増加は、明らかに経営管理や内部統制の機能不全が影響しています。こうしたケースは仕入部門や営業部門が強過ぎる会社に多く見られます。仕入と営業と財務の3部門が、常に情報を共有しなければなりません。小さな会社なら、社長が全体を把握できますが、大きな会社ほど、問題の表面化が遅れてしまい、手遅れになるのです。

（関連として、問05「『売上至上主義』の弊害は？」もあわせてお読みください）

第2章

「開発・製造」で使える計数感覚

開発・製造

09

価格下落の2社の新型テレビ、生き残りの条件は？

価格も同じ、性能も同じ、生産・販売実績も同じ、2社の新型テレビがある。小売の店頭での販売価格は、1年前にはどちらも14万円であったが、現在はどちらも7万円と半額になり、価格は低下を続けている。

A社は、価格競争に耐えられず、撤退する。ところが、B社は「まだまだ大丈夫」という。マーケットにおける認知度、評価にもまったく違いはないとして、なぜこのようなことが起こるのだろうか。理由を考えなさい。

ヒント

製品の製造原価を考えよう

答

A社は部品の多くを外部調達しているが、B社は部品の生産を内製化している。販売価格の低下の際、原価低減に大きな差が出る。

低価格競争を小売業が行う場合、店舗を拡大して、大量一括仕入で、仕入単価を下げ、販売価格を下げる手法はご存知の方も多いでしょう。製造業での**仕入原価**に当たるのは、**製品原価**です。製品原価を下げることができれば、販売価格の低下にある程度対応できます。原価低減の仕組みを、A社とB社の原価構造から考えてみましょう。

▼1年前のA社とB社の新型テレビの月間生産・販売台数は5万台で、そのときの製品原価は次ページの図の通りです。

1年前の1台当たりの製品原価を算出しましょう。

A社は、6万円+(2億円+5億円)÷5万台=6万円+1・4万円=7・4万円／台

B社は、1万円+(10億円+25億円)÷5万台=1万円+7万円=8万円／台

小売価格が14万円なので、A社、B社とも自社の利益を乗せて、卸や小売に販売したと

しても、十分な利益を得ることができました。A社の原価の方が低く利益が出ます。

1年後ではどう変わったでしょうか。

▼1年後、販売価格が急低下したので、生産・販売数量が10万台にアップしました（単純化のために、製造能力は新規の投資なしでも対応でき、材料単価も同じとします）。

A社は、6万円＋（2億円＋5億円）÷10万台＝6万円＋0・7万円＝6・7万円／台

B社は、1万円＋（10億円＋25億円）÷10万台＝1万円＋3・5万円＝4・5万円／台

B社の製品原価は、半分近く低下した一方、A社は7000円しか低下していません。小売価格は7万円と半分になっていました。しかしA社は原価が下がらず、卸価格は小売価格を上回ってしまいそうです。小売が利益を乗せて販売できる原価ではありません。B社も厳しいですが、原価は生産数量のアップ

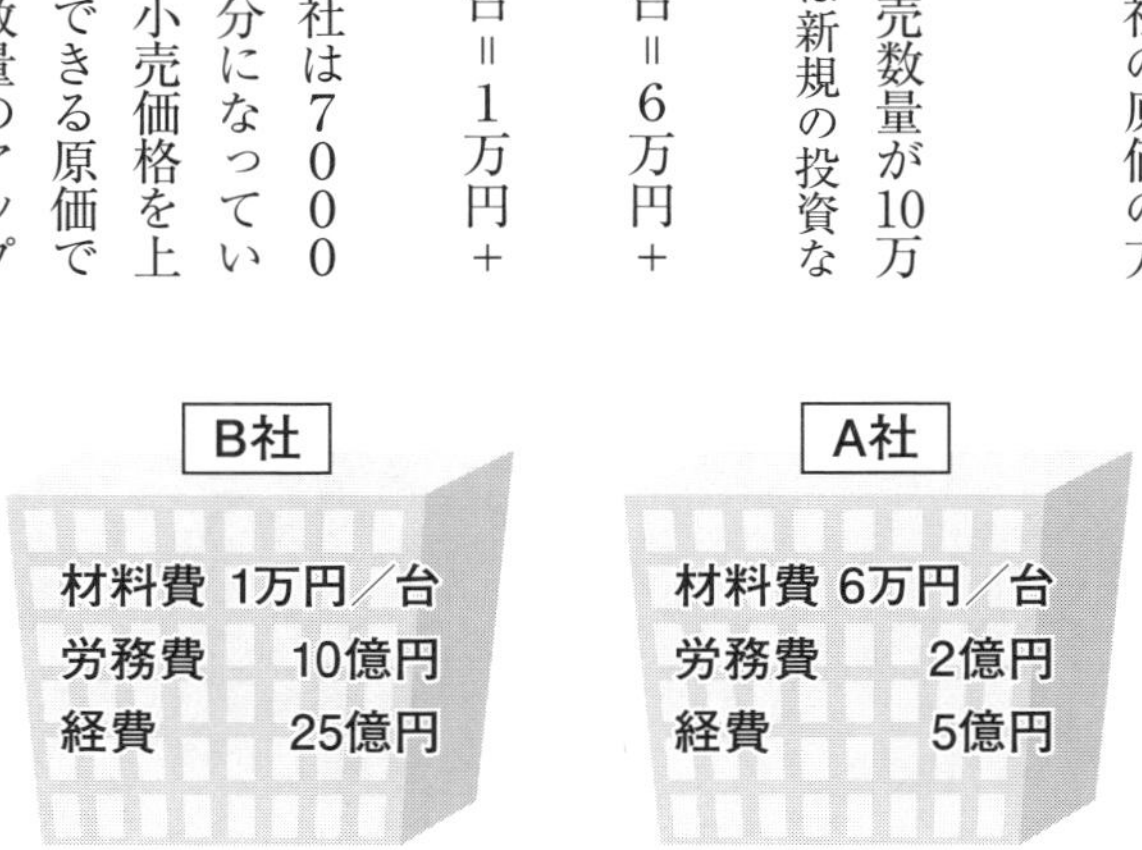

B社
材料費 1万円／台
労務費　10億円
経費　　25億円

A社
材料費 6万円／台
労務費　2億円
経費　　5億円

で、半分近く下がっても何とか利益が出る水準です。

▼A社は、部品を外部から調達して、組み立てて販売しているのに対して、B社は、部品製造を内製化しています。内製化によって、固定費が大きくなりますが、生産・販売数量が大きくなることで、1台当たりの固定費が低下して、製品原価が、ダイナミックに低下しているのです。

大量生産により原価の低減を実現するには、内製化して固定費をかけた方が有利です。しかし、急激な需要減退が起これば、固定費の多いB社は、赤字に落ちるでしょう。量産による原価低減を実現するためにはシェアが必要になります。このことは、価格競争が激しい製品は、シェア1位、2位以外は、内製化では不利であることを示しています。

キーワード

固定費

生産・販売の増減とは連動性がない費用。人件費、減価償却費、リース料など、メーカーの工場で多く発生する。

関連

内製化
外部調達

開発・製造
10

コスト削減のコツと効果って？

コスト削減には、聖域がなくなってきている。当面の利益を得ようと、売上高の2%を占める発送配達費を10%削減しようとするメーカーがある。しかし、削減を実現するために、目をつけなければならないのは、発送配達費ではなく、【ア】費である。そのためには、原価計算を応用して把握する必要がある。さらに、削減効果を最大限にアピールするためには、イ．売上高□率を使うとよい。

①アに当てはまる語句を考えなさい。
②原価計算で把握する3要素とは何か。また原価計算しなければならない理由を述べよ。
③イの□に入る語句を考えなさい。
④削減効果をアピールするために、イの率をどのように使うのか考えなさい。

答

①物流　②材料費、労務費、製造経費　③営業利益　④本文参照

発送配達費の削減は、どの会社においても重要な問題です。なぜなら発送配達費として、決算書から読み取れる金額は売上高の２％でも、モノを流通させるには、実際にはもっとコストがかかっているからです。

▼①モノの流通の上流にあるメーカーは、流通に要するコストである**物流費**のウエイトが大きくなります。売上高に対する物流費の割合が、メーカーで５～６％あるという調査結果もあります。（社団法人日本ロジスティクスシステム協会の物流費調査）

物流費の全容をとらえるには、決算書を見ただけではつかめません。物流費に要した原価を、製品原価計算の要領で集計します。

②**原価の３要素**である**材料費**、**労務費**、**製造経費**を集計するのです。材料費は、物流用資材費など、労務費は物流にかかわる人件費、製造経費は、物流拠点の減価償却費やリース料、発送配達費などと考えて集計します。

このように集計すると、物流費は、決算書から把握できる発送配達費と比べ、大きなウエイトを占めることに気付きます。

▼物流費のように、いろいろな費用を再集計した管理用の費用を**複合費**といいます。複合費は、通常の財務会計のシステムからは把握できません。管理会計システムによって、再集計して管理します。梱包、輸送、保管などの物流機能ごとに集計すると物流費管理が可能になります。研究開発費なども物流費と同様の性格の費用です。

▼売上高600億円のメーカーで、売上高に対する物流費の割合を5%とす

物流費 → **物流機能ごとに再集計して活用**

物流にかかわる費用を集計	梱包	輸送	保管	流通加工	管理
材料費 物流資材費					
労務費 物流に関連する人件費					
製造経費 物流拠点の減価償却費・リース料					
発送配達費（外注費）					

ると、物流費は30億円あります。コスト削減目標を物流費30億円の10％に設定すると3億円です。3億円の削減というと、大きな費用削減に聞こえますが、コスト削減効果をアピールするために、次のように考えましょう。

物流費は、**製造原価の材料費や販売費一般管理費に混在しています。削減効果が表れるのは営業利益**です。③によって、売上高営業利益率でアピールします。

④「物流費の削減で、営業利益が3億円増加します。わが社の売上高営業利益率は4％ですから、3億円の増益分を売上高で獲得しようとすると、75億円（3億円÷4％）の売上高が必要なのです！」

これを聞いた経営幹部は、物流費の削減に取り組むことになるでしょう。

キーワード

物流費

物流に要する費用を原価計算して集計する。決算書から読める発送配達費だけではなく、物流に関わる人件費やその他の経費を集計するため、管理会計システムが必要になる。

関連

材料費
労務費
製造経費
原価の3要素
複合費

開発・製造

11

光熱費の節約は、会社と家庭でどっちが有利？

甲社が開発したECOシステムは、採用すると、年間8万円の光熱費を節約できる。価格は120万円なので、15年（120万円÷8万円）で回収できる。

①会社がこのECOシステムを導入する場合の回収期間について、どのような要素を考慮したらいいだろうか。2つ考えなさい（但し、資本コストは無視する）。

②会社と家庭では、光熱費の節約はどっちが有利だろうか。

ヒント

キャッシュフローの違いを考えよう

答

①法定耐用年数（または減価償却費）、法人税等の税率。
②一般的に、会社の方が有利（個人の減税などがあれば別）。

「光熱費の減少」は、「その分、利益が増える」と読み変えます。家庭で年間8万円も光熱費が節約できるなら、月間6 6 6円の収入アップとなって家計はとても助かりますね。
▼会社経営としてみると、初期投資の回収期間が短いほど有利な投資になりますから、回収期間が15年では長過ぎます。もっと早く回収できれば、導入に弾みがつくでしょう。
①会社でECOシステムの導入を検討する場合、2つの要素を考慮する必要があります。それは年間の**減価償却費**と**法人税等の税率**です。
会社では**減価償却が費用として認められる**（損金計上という）かわりに、法人の利益（正しくは所得）に法人税等が課されます。これが家庭との違いです。ECOシステムの法定耐用年数を10年とすると、年間12万円（1 2 0万円÷10年）の減価償却費が計上できます。これを考慮すると利益はどう変化するでしょうか。
増加する利益8万円－増加する減価償却費12万円となり、4万円だけ利益（税引前）が減少します。法人税等の税率を40%とすると、税引前利益の減少分4万円の40%、1万6000円は税金の支払いが節約できます。

税金節約分を考慮すると、税引後利益の減少は、△4万円+1万6000円=△2万4000円となります。

▼それでは、ECOシステムを導入することで増加する年間キャッシュフローはどうなるでしょうか。一般に**キャッシュフローは税引後利益+減価償却費**（下図）でとらえられます。減価償却費だけ利益は減るが、減価償却費は現金が流出しない費用です。そのため減価償却費を利益に足し戻す、つまり、手元に残る現金（=キャッシュフロー）とみなすという考え方です。ここがポイントです。

税引後利益の減少額△2万4000円+減価償却費12万円=9万6000円が年間のキャッシュフロー増加額です。120万円を9万6000円で回収すると、12・5年で回

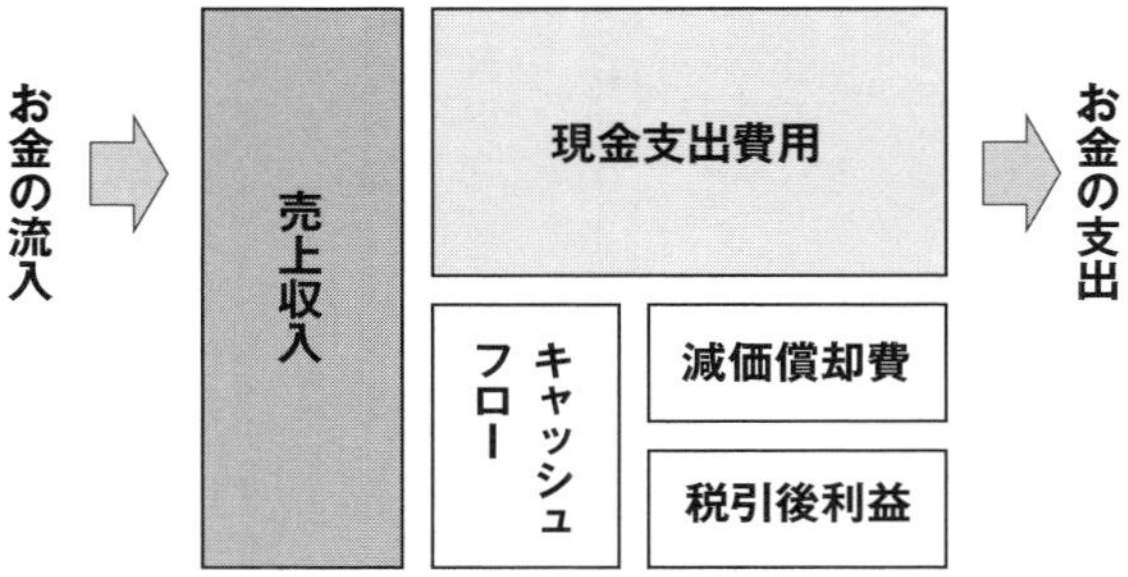

収できます。家庭の15年より短いですね。会社は減価償却費を損金計上できるので節税効果が発揮されるからです（節税効果の話なので、黒字企業を前提としています）。

9万6000円と8万円の差額は、税金支払い節約額1万6000円と一致します。家庭では、節税効果が働かないので、光熱費節約分8万円だけがキャッシュフローの増加分ということになります。

ECOシステムのような設備などをもっと普及させようと国が考える場合、法定耐用年数を短くして、会社にとって、初期投資の回収期間を短縮できるように仕向けることで、導入を促進できるでしょう。個人でも、所得控除などで優遇すれば、法人と同じ効果が期待できます。

キーワード

減価償却費

減価償却費は、法定耐用年数で償却すると、その金額が損金計上（経費として認められること）できて、節税効果があるとともに、投資の回収に貢献できる。

関連

グロスキャッシュフロー
損金計上

開発・製造
12

製造業の粗利益率は約20%、小売業は約30%。この違いって？

製造業が開発した製品を販売する小売業。多くの研究開発費を使って開発した製造業の方が売上高粗利益率が大きいはずだが、経営指標ではそうなっていない。
これに関して、どう説明しますか？

ヒント

粗利益をどうとらえるか

開発・製造

答

粗利益を「売上総利益」ととらえれば、小売業の方が大きいが、粗利益率を「付加価値」ととらえるならば、製造業の方が大きくなる。

問題の**売上高粗利益率**は、決算書に出てくる**売上総利益率**のことです。ＴＫＣ経営指標の黒字企業平均で見ると、製造業の売上総利益率は約21％、小売業は約30％です。これは中小企業の統計です。上場企業ではどうでしょう。日経経営指標（単体）で見ると、製造業平均で約20％ですが、百貨店が28％、大手スーパー30％となっています。個別会社間では、いろいろな事情で、違いがありますが、平均値で見る限り、大手も中小も大きな違いがありません。売上総利益率で見る限り、違いはハッキリしています。

▼こう答えた人がいるかもしれません。「粗利益から販売費や一般管理費を控除した営業利益ベース、すなわち**売上高営業利益率**で見れば、メーカーの方が大きい」と。その通りです。ＴＫＣ経営指標で見ると、製造業の売上高営業利益率は４・４％、小売業は１・５％です。販売費・一般管理費は、製造業より小売業の方が、売上に対する割合が大きいのは事実です。しかし、これでは売上総利益率の違いを説明したことにはなりません。

▼こう説明する人もいるでしょう。製造業では、工場でかかった費用が大部分を占め、**売上原価**に反映されます。だから売上総利益率は小さくなる。小売業では仕入原価だけが売上原価ですから、売上総利益率は小売業が大きくて当然であると。

しかし、この意見にも矛盾があります。製造業の話は納得できますが、小売業の売上原価には、製造業の原価と利益、流通経費と卸売の利益などが乗った上に、小売価格の30%を粗利益として上乗せしているのです。これだけのものを乗せたら価格が高くなってしまいます。このような価

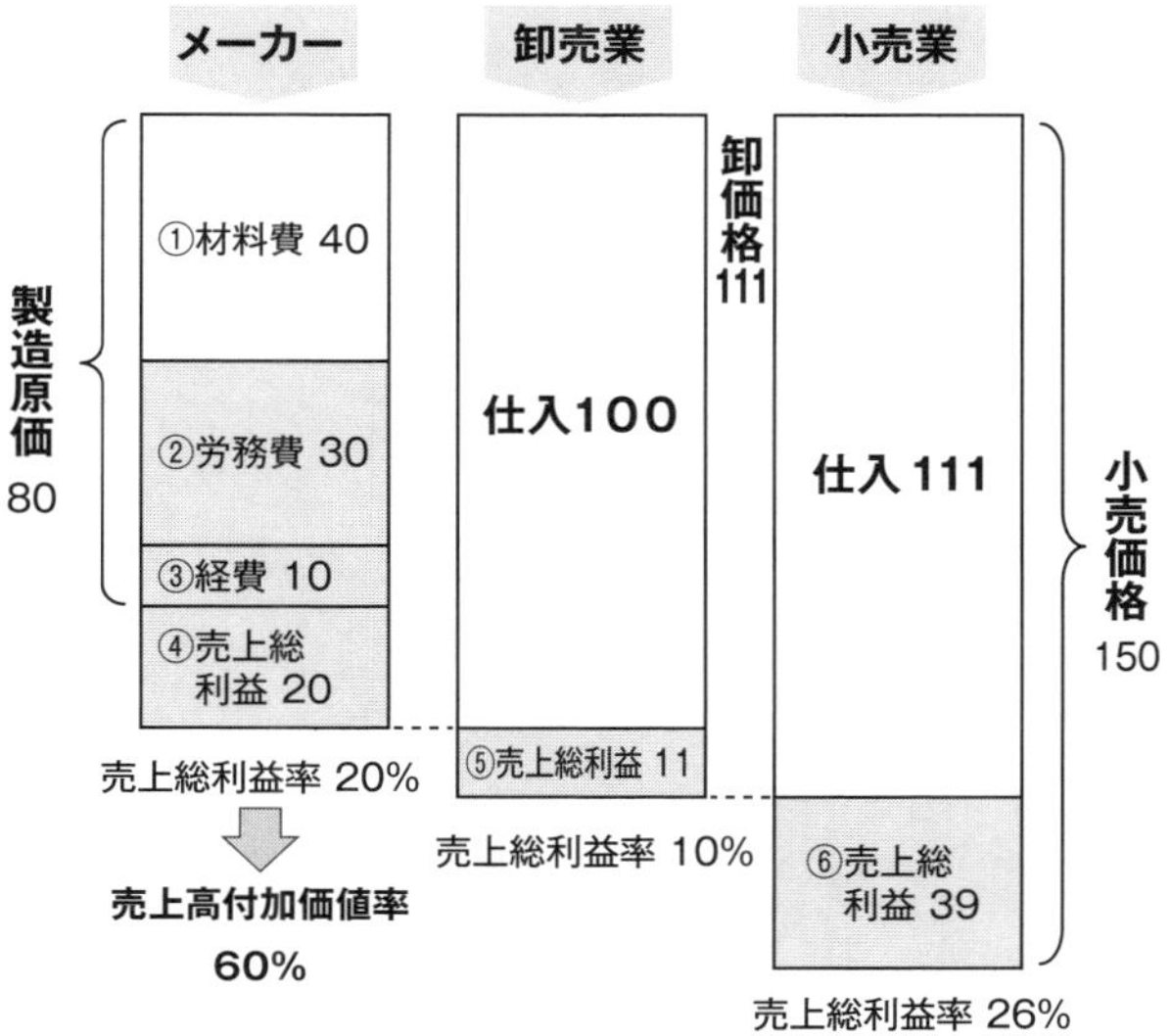

格の決め方は、理想ですが、消費者に受け入れられなければ、値下げせざるを得ません。特徴のない商品の価格競争が激しくなるのは、こんな事情が大いに影響していそうですね。

▼粗利益は一種の**付加価値**と考えた人は、問題の本質に近づいています。この問題は、**「製造業では、売上総利益が付加価値を示していないのでは？」**と聞いているのです。研究開発し、工場を作って、いろいろ工夫して、やっと製品を世に出すのですから、付加価値というのは、製造業の方が大きいのではないでしょうか。

前ページの図を見てください。製造業の付加価値はいくらでしょうか？

そうです。材料費を除いた、60が付加価値です。材料費は、素材メーカーからの仕入です。それ以外の費用は、社内で発生したものです。売上高から、外部調達した材料費を控除すれば、社内に残った粗利益が算出されます。これが付加価値です。

付加価値は、労務費や減価償却費などの経費に配分され、残ったのが売上総利益です。材料費は変動費で、労務費や経費は固定費です。固定費の分だけ、付加価値と売上総利益に差が出るのです。

卸・小売業では、仕入原価は外部からの購入で、材料費と本質的に同じ性格です。よって、卸・小売業では、売上総利益がほぼ付加価値に等しくなるのです。**売上高付加価値率**

で見ると、**製造業の方が粗利益率は大きい**と説明すれば、製造にかかわる皆さんは、納得されるのではないでしょうか。

この方法で、ソフト開発やサービス業を分析すると、売上高付加価値率は非常に高くなります。1万円の美容料金に対する材料費の割合は、どのくらいか想像すれば、美容業の売上高付加価値率は、非常に大きいとわかるでしょう。

※TKC経営指標……TKC会員事務所が関与・指導した中小企業約22万社の財務データをベースに分析された経営指標。なお、TKCは、公認会計士、税理士専門の情報サービス業（東証1部）

※日経経営指標……全国の上場会社の決算数字を分析して算出した経営指標

キーワード

売上高付加価値率

売上高に対する付加価値の割合。付加価値は、売上高から材料費などの外部購入費用を控除して求めることができる。これを控除方式という。

関連

売上総利益率
変動費
固定費
付加価値

コラム

付加価値で見ると、流通業の課題が見える

付加価値のとらえ方には、2つの方法があります。**控除方式**と**加算方式**の2つです。

▼控除方式とは、売上高から付加価値とならない項目を控除して、残ったものを付加価値としてとらえる方法です。

一般式では、**売上高**－**完成した仕入製品の売上原価**－**直接材料費**－**買入部品費**－**外注加工費**＝**付加価値**でとらえます。控除する項目の共通点は、他社から購入したもので、**変動費**です。よって控除方式の付加価値は、**限界利益**でもあります。

製造業を意識すれば、**加工高**と呼ぶこともあります。

製造業において、完成した仕入製品とは、OEM生産などで完成品を購入したケースです。卸・小売業では、売上高から商品売上原価を除いた売上総利益が付加価値になります。

▼加算方式は、以下のようにとらえます。

付加価値＝人件費＋減価償却費＋賃借料＋支払利息＋税金＋当期純利益

なぜ加算するのでしょうか。

付加価値の本質が、利害関係者への分配原資だからです。代表的な分配先である、ヒト（人件費）、モノ（減価償却費）、カネ（支払利息）、国家（税金）、株主（当期純利益）を合計すれば、分配原資の付加価値になるからです。

控除方式で計算した方が、加算方式で計算したよりも付加価値は大きくなります。

製造業の変動損益計算書

一般的な損益計算書

売上高	10,000
製品売上原価	7,500
材料費	**2,000**
労務費	1,500
経費	4,000
内:外注費	**(3,000)**
売上総利益	2,500
発送費	**500**
その他販売管理費	1,400
利益	600

変動損益計算書

売上高	10,000
変動費	5,500
材料費	**2,000**
外注費	**3,000**
発送費	**500**
限界利益	**4,500**
固定費合計	3,900
・労務費	1,500
・経費	1,000
・その他販売管理費	1,400
利益	600

売上総利益率25%　＜　限界利益率45%

▼控除方式の付加価値は、売上高－変動費で計算される限界利益でした。限界利益率（限界利益÷売上高）は売上高付加価値率ということになります。

製造業では、製品売上原価に変動費と固定費が含まれているので、変動費だけを除いて考えると、**限界利益が売上総利益より大きくなる**ケースが一般的です。（前ページ図）

これに対して、流通業（卸・小売業）では、商品売上原価のほかに、販売費一般管理費の中に変動費が含まれているので、**限界利益は売上総利益より小さくなる**のが一般的です。

代表的な変動費は、**発送配達費**です。流

流通業の変動損益計算書

一般的な損益計算書

売上高	10,000
商品売上原価	**7,000**
売上総利益	3,000
発送費・ポイント	**500**
その他販売管理費	2,100
利益	400

変動損益計算書

売上高	10,000
商品売上原価	**7,000**
発送費・ポイント	**500**
限界利益	**2,500**
その他販売管理費	2,100
利益	400

売上総利益率30%　＞　限界利益率25%

通業は、物流にかかる発送配達費は大きくなりますね。このほか変動費になるものに、ポイント販促費があります。10％のポイント還元の場合、1万円の売上に対して、売上原価7500円のほか、ポイント販促費1000円が発生します。その結果、1万円の商品の売上総利益は2500円（1万円－7500円）ですが、限界利益で考えると1500円（1万円－7500円－1000円）に低下します。流通業の付加価値は、売上総利益で見るより、かなり低くなっている可能性があります（右ページ図）。

限界利益で付加価値を見ると、いろいろな経営課題が見えてくるのです。

変動費、固定費に分けて作成した損益計算書を、**変動損益計算書**といいます。経営管理に大変役に立つ損益計算書です（P177コラム参照）。

開発・製造
13

急激な景気後退のとき、製造業の減益率が大きいのはなぜ?

金融危機で急激に景気が後退したとき、製造業は大幅赤字に陥った。営業利益が2兆円以上あったトヨタ自動車が、いきなり営業赤字に陥ったことはセンセーショナルな出来事であった。

流通・サービスなどの非製造業も大幅減益や赤字に陥る企業が続出した。当時の新聞によると、経常利益の前年同期の減少率が、製造業82%、非製造業22%と、減少率は圧倒的に製造業の方が大きかったのである。

その本質的な理由は何だろうか?

ヒント

損益構造をイメージしよう

答

製造業では、減価償却費、リース料などの短期的に管理不能な（削減できない）固定費の大きさと、限界利益率の大きさが、損益を乱高下させるから。

リーマンブラザーズの経営破綻をきっかけに起こった2008年9月以降の金融危機では、世界中の多くの会社が、想像を超えた業績の悪化に襲われました。信用収縮が起こり、経済が収縮する悪循環が世界中を襲いました。景気変動を理由にした業績悪化を経営者が口にすると、これまでは責任転嫁だとマスコミから非難されたものですが、このときはさすがにそのような論調は鳴りを潜めていました。

▼各企業の業績下方修正が相次ぎましたが、ここで注目すべき点は、2009年3月期の製造業の

経常利益が、前年比82％以上も減少すると予想されたことです。これに対して非製造業の減益予想は22％でした。製造業の減益率の大きさに驚きますが、非製造業との差にも驚きませんか。製造業は海外依存度が高く、円高の影響も大きいという面もありますが、損益構造から見ると、減益率の本質的な違いが見えてきます。この差が生まれる本質は、**固定費の大きさと限界利益率の大きさ**にあります。

管理不能固定費を多く持つ製造業は、コスト削減が追いつかないのです。

固定費を2つに分類すると**管理可能固定費**と**管理不能固定費**に分けられます。**管理可能固定費**とは、広告宣伝費、交通費、通信費、交際費のような固定費です。売上高が下がったときには、比較的短時間でその発生を回避できる固定費です。経営者が決めれば、すぐにでも発生をゼロかそれに近い状態にコントロールできます。

▼**管理不能固定費**の代表は、減価償却費とリース料、地代家賃などの**設備費**です。売上が急激に減少しても、管理不能固定費が多い会社は、すぐに固定費を減らすことができません。設備費が圧倒的に多いのは、工場などを多く持つ製造業です。

百貨店や総合スーパー、不動産などの非製造業でも事情は同じですが、非製造業全体ではウエイトは下がります。管理不能固定費の大きさが、減益率の大きさに影響しています。

固定費の多い企業

製造業、不動産業など

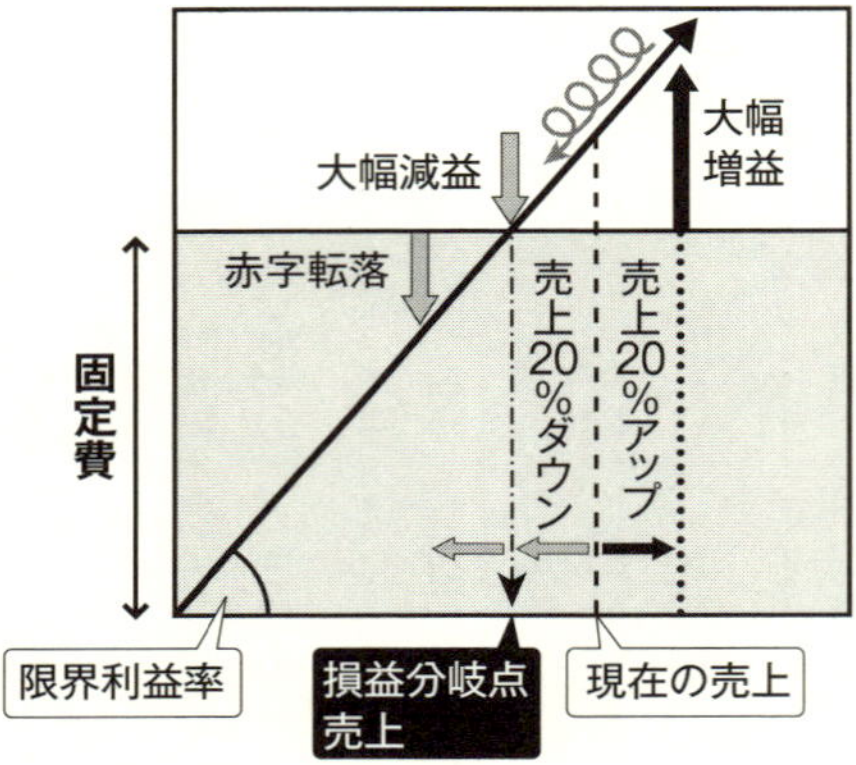

限界利益率が大きいので、売上高の増減が、損益の増減に大きく影響する

限界利益率の小さい企業

（変動費比率は大きい）

非製造業に多い（小売、卸など）

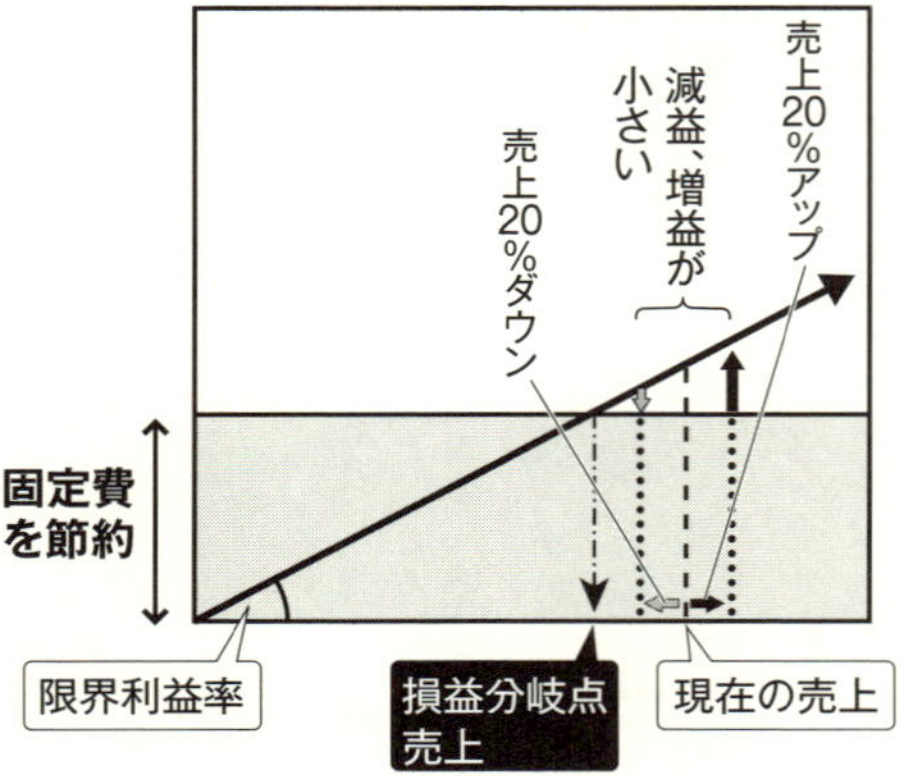

限界利益率が小さいので、売上高の増減に比べ、損益の動きが小さい

社会問題になった**派遣切り**は、残念ながら多くの会社において、管理可能固定費だったのでしょう。

▼もう一つの要因は、**限界利益率**です。

固定費の大きな会社は、売上高に対する限界利益（売上高－変動費）の割合である限界利益率が大きくないと、利益が出ません。その典型が製造業です。製造業で損益分岐点を超えると、限界利益率が大きいために、黒字も大きくなります。逆に売上高減少のときは、坂道を転げ落ちるように利益は急減し、損益分岐点を下回ると赤字額も大きくなります。限界利益率が大きいとその落差が大きくなることを、右の図で確認してください。

限界利益率が小さい商社などの卸や小売などの非製造業では、売上高が大きく伸びても、利益の増加はそれほどではありません。逆にいえば、売上高減少のときも緩やかに利益が減っていきます。

限界利益率が小さい企業は、固定費を多く使うことはタブーです。固定費を多く使うと、売上高をかなり大きくしないと、損益分岐点を超えられず、利益が出ないからです。

大手総合スーパーが、規模を大きくして売上高を伸ばそうとすれば、店舗面積を大きくするか、店舗数を増やす必要があります。その結果、固定費も増えます。そのため売上高を伸ばしても、損益分岐点を超えるのがやっとで、利益が少ないという悪循環を生んでいます。大手小売業は、このような構造的な問題を抱えています。

▼一般論で説明すれば、限界利益率は一種の粗利益率で、売上高に対する利益の出る割合と考えてください。

たとえば、限界利益率40％で、**損益分岐点の売上高**を超えている製造業が、売上高を1億円増やすと、その40％の4000万円利益が増えるのです。限界利益率が20％の小売業では、1億円売上高が増えても、2000万円しか利益は増えません。この違いが損益の増減に影響しているのです。

P110の限界利益率の図表をイメージできれば、減益、増益に関連する記事も、経営問題と関連させながら見ることができるはずです。

キーワード

限界利益率

売上高に対する限界利益（売上高－変動費）の割合。「限界」とは、販売数量が1つ増えたときに増加する、という意味である。すなわち限界利益率とは、製品が1単位売れると増加する粗利益の割合。損益分岐点分析などで使われる粗利益率である。

関連

損益分岐点比率
経営安全率
固定費
管理不能固定費
派遣切り

開発・製造
14

柏餅2個に不良品が出たときの損失は？

毎日、時間限定で製造販売し、行列のできるおいしい柏餅がある。販売数量は100個である。このうち、平均2個不良品が混じっていて販売できない。

この店ではほかに団子も販売しているが、こちらはまあまあの売れ行きである。

原価は以下の通りである。

柏餅　販売価格　1個　200円　材料費　60円／個
団子　販売価格　1個　120円　材料費　40円／個
人件費、家賃などの固定費　1日当たり5万円

①柏餅2個に不良品が出たときの損失はいくらか？
②団子6個が売れ残ったので廃棄した。そのときの損失はいくらか？
③①と②を加味すると、1日当たりの損益分岐点の売上高はいくらか？

答

①400円（200円×2個）が損失　②240円（40円×6個）が損失

③損益分岐点の売上高は、柏餅98個の売上高と団子454個の売上高の合計7万4080円。

▼①柏餅は、時間限定、数量限定で販売されています。2個不良品が出た場合と、不良品が出なかった場合で比較すれば、その差が損失です。材料費60円×2個＝120円の損ではありません。左ページの表を見てください。売上高の差である400円（200円×2個）が損失です。これは、本来売れるべき商品を、売り損なったという意味で、**販売機会損失**と呼ばれます。固定費5万円は、不良品が出ても出なくても発生するので、この比較の場面では考慮しなくてもいいでしょう。もし考慮しても、両ケースとも同額で、差はゼロになります。

▼②団子は、一日中販売しています。売れ残りが出て、絶えずいくつか廃棄しています。この場合も、廃棄ロスが出た場合と出なかった場合で、比較してみましょう（P116の表）。

1日にどれくらい販売されるかの情報がないのですが、団子の在庫6個は、多く作り過ぎたのです。在庫ゼロと在庫6個のケースを比較しても、販売機会損失はなく売上数量は同数です。そうであれば、廃棄ロスが出るケースでは、6個分の材料費を使い過ぎたので、その分の240円（40円×6個）が損失となります。

▼柏餅と団子の例から学ぶことは、作ったら必ず売れる製品と残ってしまう製品には、損失に差があるということです。柏餅のケースでは、売上高の分だけ差が出てしまいます。繁盛店で品切れが出るケースや、製品の売れ行きが好調でフル操業のメーカーの製品では、販売機会損失が大きくなっていることを認識する必要があります。

団子のような在庫がだぶつき気味のメーカーの製品は、在庫の材料費分が損失になるので、需要に合った生産計画を立てていくことが必要ですね。

▼③損益分岐点の売上高を考えてみましょう。

柏餅のケース

	不良品がない場合	不良品が2個ある場合	差
売上高	200円×100個 =20000円	200円×98個 =19600円	400円
材料費	60円×100個 ＝6000円	60円×100個 =6000円	0円
限界利益	14000円	13600円	400円

売上高の差
販売機会損失

柏餅は、必ず98個販売できるので、98個から生まれる粗利益（限界利益）は、98個×（200円－60円）＝1万3720円です。

固定費5万円は必ず発生するので、5万円－1万3720円＝3万6280円を、団子の販売で発生する限界利益で稼がなければなりません。

3万6280円÷（120円－40円）＝453・5個＝454個（0・5個は売れないので、切り上げて1個を売ります）。よって、団子は5万4480円（454個×120円）売れば損益分岐点の売上高に到達です。

損益分岐点の売上高は、柏餅98個の売上高1万9600円と団子454個の売上高5万4480円の合計7万4080円となります。

▼柏餅の販売で生まれる限界利益は、1万3720円でした。団子の1個当たりの限界利益は、80円（120円

団子のケース

	在庫ゼロの場合	在庫6個の場合	差
売上高	120円×0個 ＝0円	120円×0個 ＝0円	0円
材料費	40円×0個 ＝0円	40円×6個 =240円	240円
限界利益	0円		△240円

材料費の差
廃棄ロス

－40円）です。つまり団子の販売で生まれる限界利益は、80円×454個＝3万6320円です。損益分岐点では、固定費5万円と柏餅と団子の限界利益の合計5万40円が一致していることを確認してください。損益分岐点の売上高から生まれる限界利益は、すべて固定費の支払いに使われ、残らないので、利益がゼロというわけです。

（注）差の40円は、切り上げた40円（80円×0・5個）で、計算誤差です。

キーワード

限界利益

売上高から変動費を控除した粗利益のこと。損益分岐点分析や変動損益計算書における中心となる利益である。

関連

損益分岐点の売上高
固定費
変動費
廃棄ロス
販売機会損失

開発・製造
15

ハンバーガー価格半額で大増益！その仕組みは？

以下は、ハンバーガーショップの見積原価である（計画販売数量は1万個）。

ア．販売価格　200円

イ．1個当たりの原価データ

材料費	60円
社員人件費	40円
店舗賃料	20円
その他管理費	70円

①損益分岐点の販売数量と売上高を計算しなさい。

②損益分岐点を超えている場合に、50万円売上が追加された。営業利益はいくら増えるか？

③以下の【　　　】内に数字を入れなさい。

ア．販売価格を半額にして数量を伸ばしても、販売数量が計画の【　　　】倍を下回れば、赤字である（但し、見積原価は変わらないものとする）。

イ．販売価格を半額の100円にしたら、6万5000個と販売数量が劇的に伸びた。このとき、材料費は20％ダウンし、固定費は10％アップした。営業利益は、【　　　】倍に増加する。

ヒント

損益分岐点の公式や方程式を使わないで計算してみよう

開発・製造

答

①固定費130万円÷1個当たり限界利益140円≒9286個　損益分岐点の売上高　200円×9286個＝185万7200円　②2500個に含まれる限界利益35万円だけ営業利益が増加　③ア3・25倍　イ19・5倍

損益分岐点分析の問題です。材料費は変動費、それ以外を固定費として計算します。変動費総額は、60万円（60円×1万個）です。1個当たりの固定費は、40円＋20円＋70円＝130円ですから、固定費総額は、130円×販売数量1万個＝130万円となります。変動費と固定費の合計を**総原価**と呼び、190万円です。

飲食店などでは、材料費などの変動費だけで原価を決めることが多いのですが、固定費との関係を意識しながら、価格などを考える必要があります。

▼①ハンバーガーを1個販売すると140円（200円－材料費60円）の粗利益が発生します。粗利益とは、1個販売すると増加する利益という意味の**限界利益**です。

固定費相当分の130万円の限界利益を稼いだ時の販売数量が損益分岐点となります。よって、固定費130万円÷140円（1個当たり限界利益）＝9285・7個で、切り

変動損益計算書

200円で、1万個販売

損益分岐点の売上高販売数量
9,286個

損益分岐点の売上高
1,857,200

【販売数量:10,000個】

1個当たり		単位:円	構成比
200	売上	2,000,000	100.0%
60	材料費	600,000	30.0%
140	限界利益	1,400,000	70.0%
	固定費合計	1,300,000	65.0%
40	社員人件費	400,000	20.0%
20	店舗賃貸料	200,000	10.0%
70	その他管理費	700,000	35.0%
10	営業利益	100,000	5.0%

半額で、6.5倍の売上増で、原価構造が変わらない場合

損益分岐点の売上高販売数量
32,500個

損益分岐点の売上高
3,250,000

原価構造不変

【販売数量:65,000個】

1個当たり		単位:円	構成比
100	売上	6,500,000	100.0%
60	材料費	3,900,000	60.0%
40	限界利益	2,600,000	40.0%
	固定費合計	1,300,000	20.0%
6	社員人件費	400,000	6.2%
3	店舗賃貸料	200,000	3.1%
11	その他管理費	700,000	10.8%
20	営業利益	1,300,000	20.0%

半額で、6.5倍の売上増
（材料費（変動費）は20%低下、固定費は10%アップの場合）

損益分岐点の売上高販売数量
27,500個

損益分岐点の売上高
2,750,000

変動費20%ダウン、固定費10%アップ

【販売数量:65,000個】

1個当たり		単位:円	構成比
100	売上	6,500,000	100.0%
48	材料費	3,120,000	48.0%
52	限界利益	3,380,000	52.0%
	固定費合計	1,430,000	22.0%
7	社員人件費	440,000	6.8%
3	店舗賃貸料	220,000	3.4%
12	その他管理費	770,000	11.8%
30	営業利益	1,950,000	30.0%

上げて９２８６個売れば、固定費を支払えます。損益分岐点の売上高は、２００円×９２８６個＝１８５万７２００円です。

計画売上高２００万円と損益分岐点の売上高の差14万２８００円を経営**安全額**といいます。

▼②計画した営業利益は10万円です。営業利益は、限界利益１４０万円と固定費１３０万円の差になっています。つまり損益分岐点では、固定費１３

ハンバーガー1個当たりの損益構造

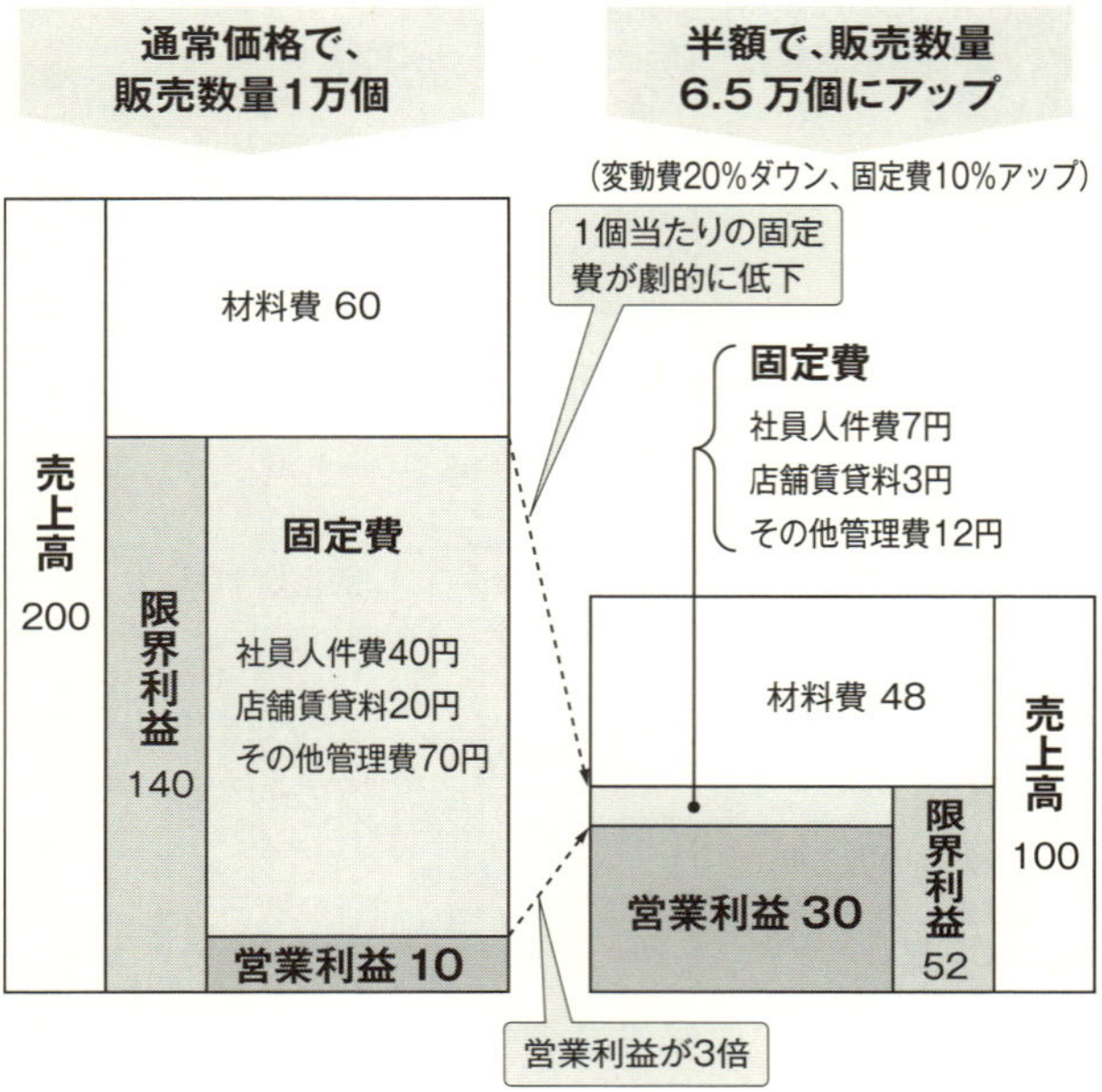

0万円＝限界利益130万円となっていることを理解しましょう。固定費はこれ以上増えないので、損益分岐点の売上高を超えたら、ハンバーガー1個の販売で増える限界利益の140円はそのまま営業利益になります。これに気付くことがポイントです。

よって次のような計算ができます。

売上高50万円÷200円＝2500個の販売。2500個に含まれる限界利益35万円（2500個×140円）が営業利益の増加分となります。

▼③値下げして販売数量を伸ばす作戦はよく行われます（P121の表）。価格を思い切って半額の100円にする（見積原価は変わらない前提）と、1個当たりの限界利益は、40円（100円－60円）に下がります。損益分岐点の販売数量は、3万2500個（固定費130万円÷40円）に増加します。計画は1万個ですから、3・25倍売らないと赤字です。

▼半額にしたら、販売数量が6・5倍に伸びました。固定費総額と材料単価に変化がないとします。1個当たりの固定費は急激に低下し、1個当たりの営業利益は2倍の20円、営業利益は13倍になっています。**薄利多売の威力**をよく見てください。

材料費が20％ダウン、固定費が10％アップとして再計算すると、1個当たりの営業利益は3倍の30円になります。営業利益も19・5倍になっています。材料費のダウンの影響は大きいですね（P121の表とP122図）。
　このようにシミュレーションが可能なのは、このような変動損益計算書の情報があるからです。業績管理や計画の立案に活用すると大いに役立ちます。

キーワード

経営安全額

損益分岐点の売上高を超えた売上のこと。経営安全額から発生する限界利益は営業利益となる。安全余裕額とも呼ばれる。

関連

損益分岐点の売上高
総原価
限界利益
薄利多売

開発・製造
16

ハンバーガーのセット価格をどう決める？

問15のハンバーガーショップの基本情報から、以下の質問に答えなさい。

①計画販売量1万個が達成されたので、コーヒーとポテト付きのプレミアムセットバーガーを250個追加販売し、営業利益の増加額で、10万円を狙いたい。ハンバーガーの材料費は60円、コーヒーとポテトの材料費は、1セット30円である。

セット価格は最低いくらにしたらいいか?

②①のテスト販売が顧客から好評だったので、来月から従来の単品販売を6000個とし、計画販売量の40%の4000個は、コーヒーとポテト付きのプレミアムセットバーガーの販売とすることにした。目標営業利益は20万円として、セット価格をいくらに設定したらいいか。

ヒント

稼ぐべき限界利益を求めよう

答

①最低セット価格490円　②255円

▼①計画を達成しているということは、**損益分岐点の売上高は超えていて、営業利益も出ているということ**。つまり追加のセット販売で稼ぐ限界利益は、すべて利益になるということです。ここがポイントです。

10万円の限界利益をセット販売で稼げば、それはすべて営業利益になるというわけです。営業利益10万円÷追加販売250個＝400円なので、1個当たり400円の限界利益が発生するように価格を決めます。1個当たり材料費の合計90円（ハンバーガーの材料費60円とコーヒーとポテトの材料費30円）を1個当たり限界利益400円に加算した490円が、セット価格の最低限となります。

検算してみましょう。

セット価格490円×追加販売250個＝12万2500円（セット売上高）

セット売上高12万2500円－材料費2万2500円（90円×250個）＝10万円（限界利益）

セット販売の限界利益10万円（1個当たり限界利益400円×250個）は、損益分岐点を超えている状況では、そのまま営業利益として残ります。

▼②来月は、6000個を単品販売、4000個をプレミアムセットバーガーとして販売する計画です。固定費総額は、前月と同じです。1個当たりの固定費は40円＋20円＋70円＝130円で、130円×販売数量1万個＝130万円となります。目標営業利益は20万円なので、稼ぐべき限界利益は150万円（130万円＋20万円）です。

単品販売6000個で、いくら限界利益を稼げるでしょうか。問15でハンバーガー1個当たり140円で

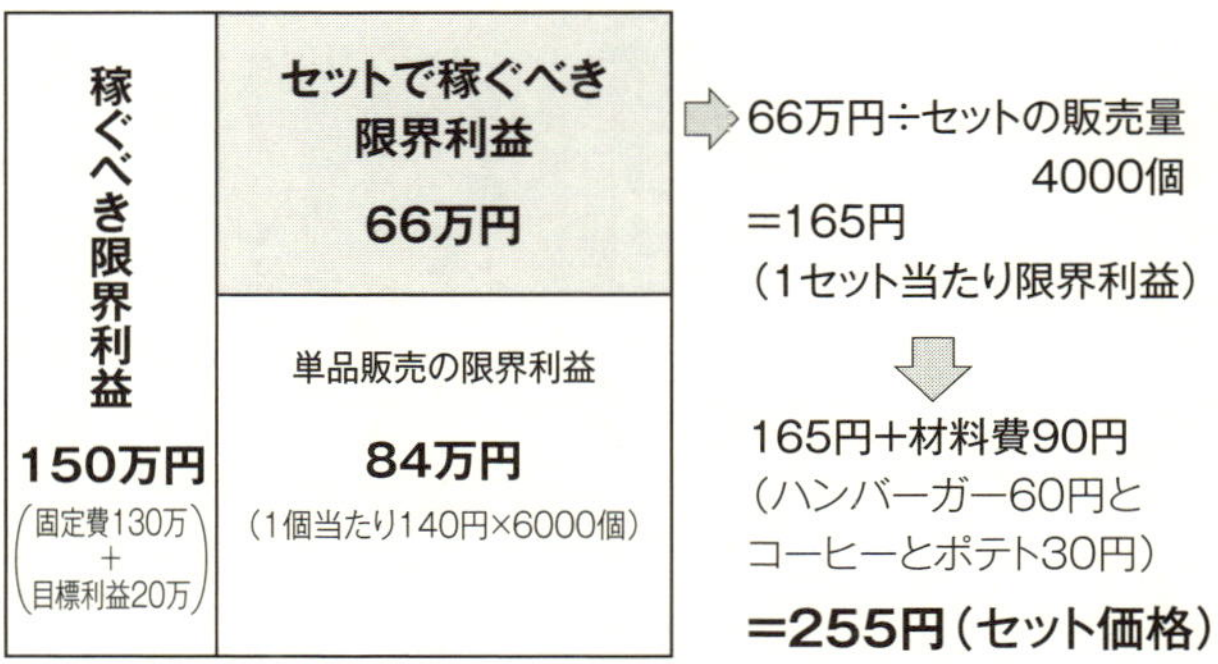

したから、140円×6000個＝84万円です。

稼ぐべき限界利益150万円から単品販売の84万円を除くと66万円。これをプレミアムセットバーガーから発生する限界利益で稼げばいいわけです。

次は1セット当たりで、いくら限界利益を稼げばいいか考えます。66万円÷セットの販売量4000個＝165円（1セット当たり限界利益）です。

セット価格は、次のように材料費を加算して求めます。

165円＋90円（ハンバーガーの材料費60円とコーヒーとポテトの材料費30円）＝255円
プレミアムセットバーガー1セットを255円以上に設定すれば、営業利益20万円は達成できることになります。

キーワード

1個当たり限界利益

商品の付加価値を示す。1個当たりの限界利益を高めるには、値上げもあるが、商品の組み合わせによるセット当たりの限界利益を高める作戦がよく使われる。

関連

セット価格

コラム

規模の利益

今では、100円バーガーは珍しくありませんが、90年代に価格破壊の動きが現れ、日本マクドナルドが、半額バーガーを仕掛けた時には話題になりました。

半額バーガーに先立ち、210円を190円に下げたのですが、ほとんど販売増に結びつきませんでした。そこで、ハンバーガーの価格を、17日間限定で、210円から100円に一挙に半額以下に下げてみました。すると、この期間のハンバーガーの販売個数が2750万個になり、前年の18倍を記録したのです。

1個当たりの営業利益が、2・7倍に膨らみました。一番の原因は、コストの大部分を占める人件費や店舗賃貸料、販促費などの固定費が、1個当たりで劇的に下がったからです。100円でも40円以上の限界利益が出て、1個当たり10円以下の固定費となり、1個当たり営業利益が30円以上になったということです。

販売価格が210円のときは、1個当たり固定費が140円くらいだったようです。チェーン展開で、規模の大きい会社は、このようなダイナミックなコスト削減が可能なのです。

▼規模の利益の追求には、問題もあります。

固定費型の製造業は、固定費の削減のための生産量を増やすことで、製品原価を下げることができます。しかし、規模の利益を追求するあまり、作り過ぎによる在庫増加、設備過剰に陥るリスクも高まります。２００８年秋のリーマンショックで大幅減産に追い込まれ、多くの上場企業が赤字に陥ったことを思い出します。

サービス業でも可能ですが、規模を追求して固定費の削減を狙っても、サービスの質が落ちたり、労働集約的な会社では、サービスを提供できなくなる可能性があるので注意を要します。英語学校のＮＯＶＡは、講師が不足しているのに、受講生や学校を増やし過ぎて問題になり、倒産しましたね。

チラシや安売りによって、新規顧客の獲得で売上の増加ができても、混雑した売場、長い列ができるレジを生み、従来からの顧客が来店や購入をあきらめるケースもあり、販売機会損失や店のイメージ悪化に影響することもあります。

規模の利益を追求する場合は、オペレーションが標準化されていて、急激な需要増加に対応できるような店舗網、仕入ルート、人員確保などを考慮しないと、かえって顧客の不満を生むことになることもあるのですね。

第3章

「人事・組織」で使える計数感覚

人事・組織
17

内部留保を使って雇用を維持できるか？

優良企業であったが、経済危機の影響で受注が減り赤字に陥った会社（従業員200名）がある。今後も数年間は、赤字の業績が続くと見られている。内部留保は10億円あるので、組合としては内部留保を使って、雇用を継続するように要求したい。

その際の問題点はなんだろうか？

ヒント

内部留保とは何かを理解していますか？
雇用維持のために必要なものは？

答

雇用を維持するためには、人件費の支払いに充てる現金が必要である。内部留保は現金を示す指標ではないので、内部留保を使うという議論は、会社側からいろいろ反論されてしまうことを理解しよう。

この議論を理解するには、**内部留保**を理解する必要があります。この議論で使われる内部留保とは、**利益剰余金**のことを示しています（左ページ図）。利益剰余金とは、過去に稼いだ当期純利益（売上高からすべての経費・税金を控除した残り）の合計から、配当した分を控除した残高です。利益剰余金は、法律的には株主のものです。

過去に大儲けした会社の従業員から見れば、「**人件費**を抑えて、当期純利益を膨らませたのだから、内部留保の一部はわれわれのものだ」とか、「内部留保にはわれわれも貢献しているのだから、一部は従業員のために使え」といいたくなるかもしれません。このような考え方が背景にあるから、内部留保の活用という議論が出てくるのです。

▼内部留保の増加は、自己資本の増加となり、**自己資本比率**（自己資本÷総資産）を高め、財務の**安全性**がアップします。しかし、雇用を維持するためには、人件費の安定財源が必要です。年金財源をどのように確保するかという議論と同じです。自己資本比率が高くて

も、雇用維持には直接つながらないのです。内部留保が10億円あっても、現金で10億円残っているわけではありません。例をあげて説明しましょう。

①ある年に4億円の利益が上がったとします。配当を2億円支払い、残った2億円が内部留保です。そのうち、1・5億円を設備投資や在庫投資に使ってしまったとすると、現金が残るのは0・5億円です。

②①の場合、内部留保の2億円を人件費に回せればいいのですが、そうすると、この会社は設備投資や在庫投資を自己資金で行えないことになります。そのため設備投資や在庫投資のた

貸借対照表

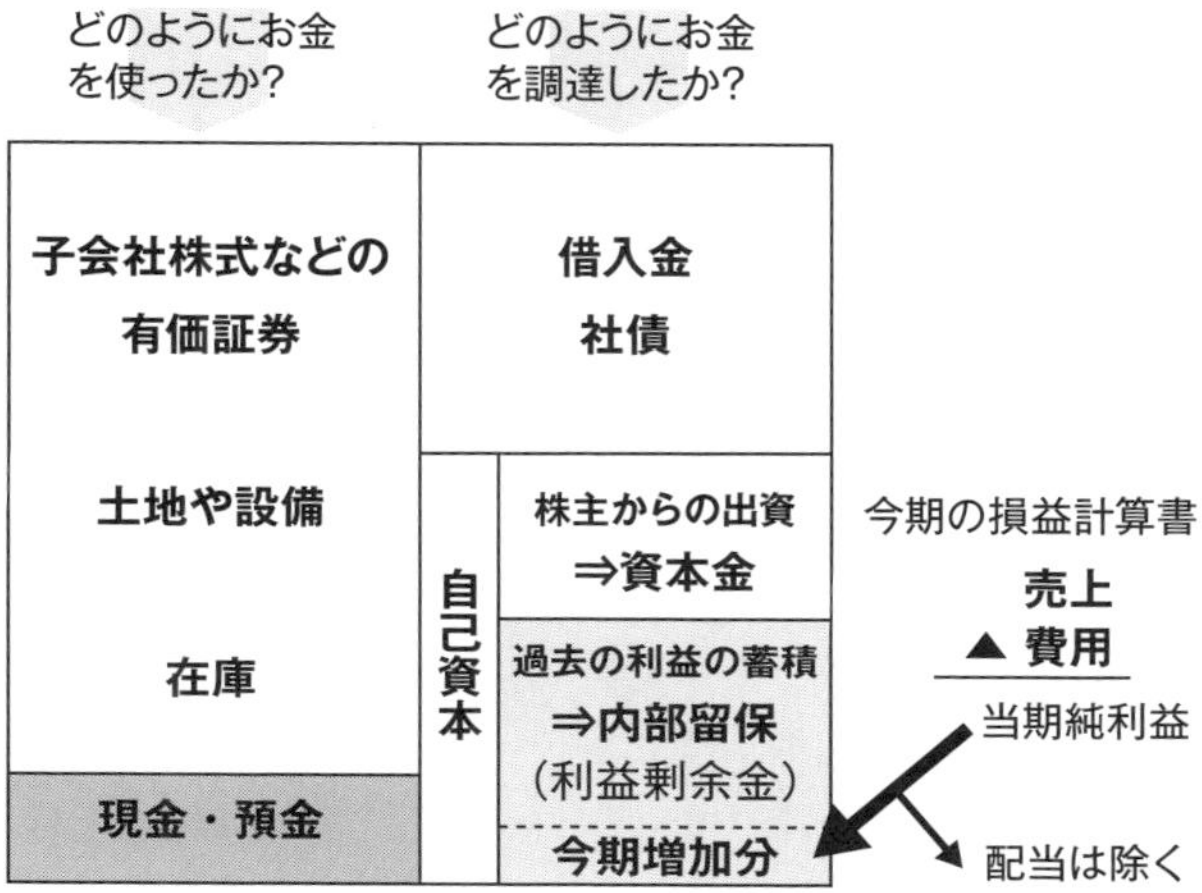

めに、借入することになります。結局、借金をして給料を支払っているのと同じことになります。いずれにしても、**借入金は増加し、金利の支払いが増加**します。

▼業績が回復しないまま人件費を支払い続ければ、会社は赤字に陥ります。そうすれば内部留保は減少していきます。やがて**自己資本比率も悪化**し、金融機関が今までのようには融資してくれなくなります。そうなったら、事業継続も危ぶまれます。

　内部留保を多く持つ会社が、「雇用維持に内部留保を活用せよ」という組合からの声に消極的なのは、このような結果となる可能性があるからです。

▼しかし、雇用を大切にすることは、会社の社会的責任です。労使が協力して難局に立ち向かう姿勢を持つ必要があります。ワークシェアリングや賃下げなどの対策も、内部留保を雇用維持に使った場合のシナリオを従業員が理解して初めて、納得性の高い、有効な対策となるのです。計数感覚で経営を考えるための教育を普段から従業員にしておくことは、難局に立ち向かうときにこそ必要になるのではないでしょうか。

人事・組織

キーワード

内部留保

内部留保とは、自己資本に属する利益剰余金のことである。利益剰余金とは、当期純利益のうち配当に回した分を控除した残りだ。自己資本を増やす利益剰余金は、自己資本比率など、財務の安全性を高めるために重要な役割がある。

関連

自己資本比率
利益剰余金

人事・組織
18

旅館の従業員の時給、どうやって決める？

1日当たり18名の客が来る旅館がある。宿泊料は1人当たり2食付きで1万5000円である。パートを中心に従業員10名で切り盛りしている。

①この旅館の従業員の時給（時間当たり人件費）はいくらだろうか？

②客数、宿泊料はそのままで、時給アップを図るには、どうしたらいいだろうか？

ヒント

売上高×粗利益率×労働分配率＝人件費

答

①時給は1234円。
②時給アップの秘訣は人時生産性を高めることである（詳細は本文参照）。

人件費って、どうやって決まる（決める？）のでしょうか。世間相場で決まると考えればそれまでですが、ここでは、分析的に考えてみましょう。

▼すぐにわかるのが1日当たりの売上高です。18名×1万5000円＝27万円です。この中から材料費や水道光熱費、人件費などを払いますから、27万円が時給を決めるスタートになりますね。

ここからが問題です。売上からまず何を支払うかです。人件費と考えたら経営はやっていけません。人件費を先取りして、材料費や水道光熱費を払えなくなったら、明日からの営業がストップしてしまいます。材料費や水道光熱費（これらを**変動費**という）の原資を先に確保して、その残りを人件費など（**固定費**）の支払いに充てます。売上高から変動費を控除した残り分を**粗利益**（**限界利益**）といいます。

▼旅館の粗利益率は売上のどのくらいになると思いますか？　旅館に泊まったときに、

「宿泊料に占める材料費はそんなに大きくないな？　結構、儲けているな！」なんて考えたことありませんか。旅館の、材料費、水道光熱費を控除した後の**粗利益**は一般的に宿泊料の80％ぐらいです。70％くらいと考えたなら許容範囲ですが、50％と考えた人は、だいぶ勘がずれていますよ。利益が出なければやっていけないのですから……。

27万円×80％＝21万6000円が粗利益です。粗利益を10名で生み出しているので、1人当たり2万1600円（21万6000円÷10名）です。1日7時間働くとして、1人当たり1時間に3085円の粗利益を生み出しています。この3085円を**人時生産性**といいます。

3085円の一部を従業員の時給として適正に分配すれば、経営は成り立ちます。この分配率が、**労働分配率**です。旅館の労働分配率は平均的に40％前後です。すなわち、従業員の時給は、3085円×40％＝1234円程度と想定できます。

日商　18名×15,000円＝270,000円

1日当たり粗利益＝270,000円×80％＝216,000円

1人当たり粗利益／日＝216,000円÷10名＝21,600円

人時生産性＝21,600÷7時間＝3,085円

3,085円×40％＝1,234円（時給）

あなたが経営者であれば、労働分配率を40％と決めておき、さらに人時生産性のアップを図ってください。人時生産性アップ（たとえば１００円）の範囲内であれば、時給をアップ（たとえば40円）しても、人件費以外の経費に使う原資（60円）が増やせます。人件費以外の経費を増やさなければ、60円はそのまま利益になります。

▼以上のように考えると、売上高が伸びない企業で時給アップを図るためには、人時生産性をアップさせる必要があります。①お茶はお客に入れてもらう、②布団もお客に敷いてもらうなど、お客にとって不要と思われるサービスは省略し、逆に食事や清掃などのサービスを徹底し、③従業員は1人3役をこなすなどの工夫で人時生産性をアップさせ、時給アップを図り、さらに宿泊料の値下げも実現した旅館もあります。

キーワード

人時生産性

1人当たり・時間当たりの粗利益のこと。粗利益には、売上総利益のほか限界利益や付加価値を使う。労働生産性は、1人当たり粗利益のことだが、人時生産性は時間効率を加味したもの。小売業やサービス業のような労働集約的な業種・業態で重要視される経営指標である。

関連

労働分配率
変動費
固定費
限界利益
粗利益

人事・組織
19

会議にかかった人件費を回収するのに必要な売上は？

５時間の企画会議を３名で行った。それぞれ月給が30万、40万、50万円である。必要なら、このほかの経費は推定しなさい。

①この会社では、１人当たり平均実労働時間が１８０時間／月である。この会議にかかった人件費はいくらでしょうか？

②この会社は、年商50億、粗利益率20％の流通業である。会議にかかった人件費を回収するために必要な売上高はいくらでしょうか？

ヒント

人件費は給与以外にも、福利厚生費など会社負担分があるので月給の1・5倍として計算しよう

答

①3名の月給120万円の約1・5倍の月給180万円が人件費。
180万円÷180時間×5時間＝5万円。
②5万円の10倍の50万円の売上高が必要。

まず、会議にかかった**人件費**を考えてみましょう。

▼①3人の月給の合計は120万円なので、概算で1・5倍とすると、120万円×1・5＝180万円が、1カ月で企業が負担する人件費総額と考えます。あとは簡単で、1時間当たり1万円（180万円÷180時間）なので、5時間の会議には5倍の人件費（5万円）がかかったことになります。実際は、光熱費、会社の会議室を使っても使用時間に応じた賃料などがかかるので、もっと大きな数字になることを意識する必要があります。

▼粗利益の大部分は、人件費や設備費（減価償却費、リース料など）、販促費などの経費に使われます。特に人件費が大きなウエイトを占めます。P145でみたように粗利益に占める人件費の割合は、**労働分配率**といわれ、日本企業の平均値は50％ぐらいです。

②5時間で5万円の人件費がかかったわけですから、この人件費を稼ぐための粗利益は、人件費の2倍（5万円÷労働分配率50％）の10万円が必要です。粗利益率が20％の会社なの

で、10万円を稼ぐためには、その5倍の50万円の売上高（10万円÷粗利益率20％）が必要です。5時間の会議に要した人件費5万円を回収するためには、10倍の50万円の売上高が必要となります。

間接部門の人件費を考慮すると、必要売上高はさらに増えることになります。会議のための会議などの不必要なミーティングが、いつのまにかコスト発生源となり、利益を蝕んでいることを理解する必要があります。

人件費は、時間とともに発生する固定費ですが、売上高は時間に比例して達成されるわけではないということを認識すべきです。ギリギリの経営をやっている会社なら、

粗利益と人件費の関係

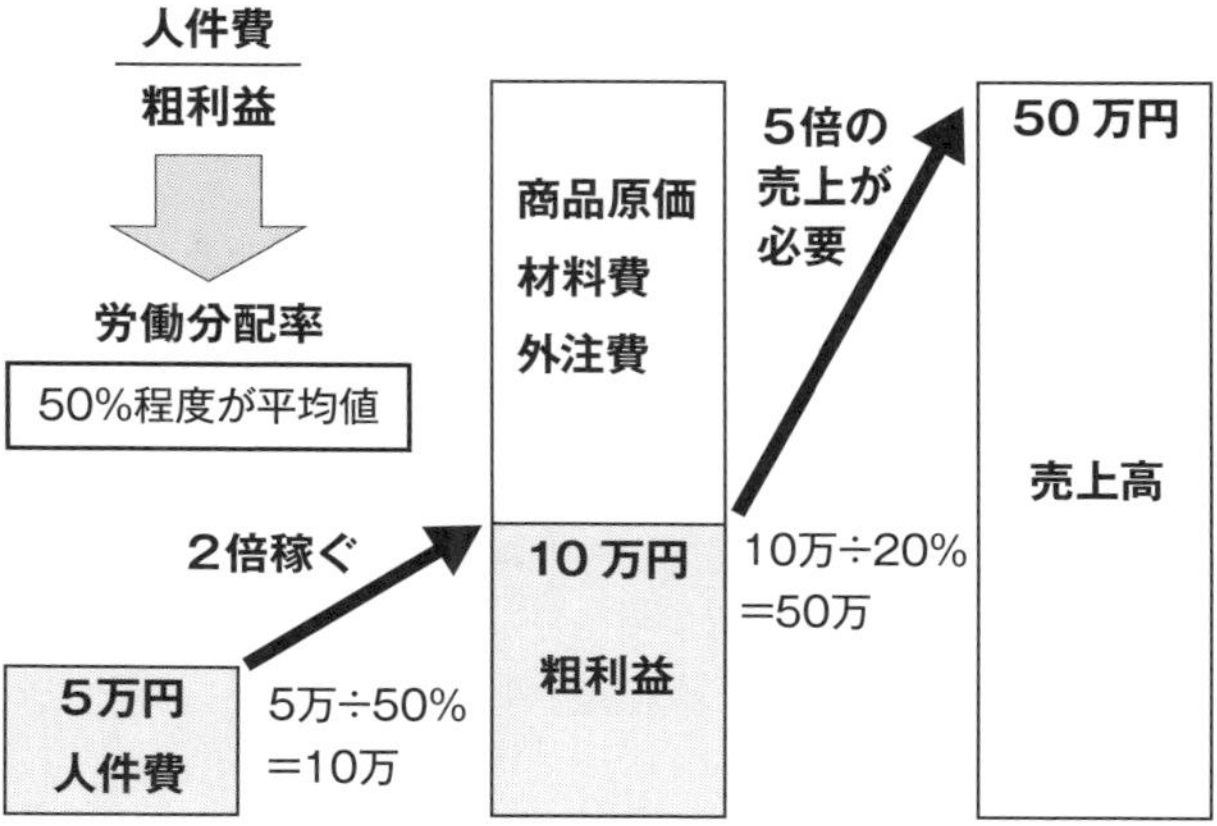

人件費の内容、粗利益率、労働分配率が理解できるように教育を行い、目標となる粗利益率と労働分配率を社員に発表し、自分たちの人件費の何倍の売上高が必要かを計算するくらいの意識を持った社員を育てる必要があるのではないでしょうか。

キーワード

人件費

給与、賞与だけでなく、法定福利費、退職金および年金、福利厚生費、現物給与、教育訓練費、募集費を含んでいる。厚生年金や雇用保険などの会社負担分である法定福利費の負担が増している。

関連

粗利益率
労働分配率

人事・組織
20

居酒屋オーナーの年収はいくら？

あなたは、居酒屋に入って、ビールとつまみを頼んだ。

これらが運ばれるまでに、「この居酒屋オーナーの年収はいくらだろうか？」と考えて、暇つぶししてみよう。

ちなみに、店内には4人掛けのテーブル10卓と、10人掛けのカウンターがある小さな居酒屋で、大手チェーン店ではない。

ヒント

お客さんは何人くらいで、客単価はいくらくらいだろう？
売上は、客数×客単価×客席回転率×営業日数で見当をつけよう

答　年収1000万円は可能?!

あなたがたまたま入った居酒屋で、ビールとつまみを頼みました。それが出てくるまでの少しの時間で、オーナーの年収の見当をつけてみましょう。

▼まず、前提条件を考えます。この店がもし満席になったら最大何人座れるでしょうか。4人掛けのテーブル10卓で40人、カウンター席10席で10人、合わせて50人ですね。この店のキャパシティは50人です。

とはいえ、全席が埋まることは、日常的にはなかなかありませんね。平均6割程度としましょう。テーブル席には平均2・5人、カウンターには6人。合わせて約30人。満席で30人として考えます。

▼次に、**客単価**を考えます。メニューをよく見てみましょう。メニューを見て、1人当たり3000円程度だろう、といった見当をつけます。自分もそのくらいなら払っていいという願望でもいいですよ。とすると、30人×3000円で、9万円です。

この店の**客席回転率**を考えます。夕方の開店から閉店の深夜零時まで営業すると、大雑把に2回転くらいでしょうか。9万円×2回転＝18万円です。つまり、この店の1日当たりの売上は18万円です。

では、ひと月のうち、何日仕事をするのでしょう。入り口に「年中無休」と書いてありました。1カ月30日、休まず開店したとして、540万円（18万円×30日）なのでこの居酒屋の月商は540万円と想像します。年商にすると12カ月を掛けて6480万円になります。

▼次に、売上から、店の粗利益を予想

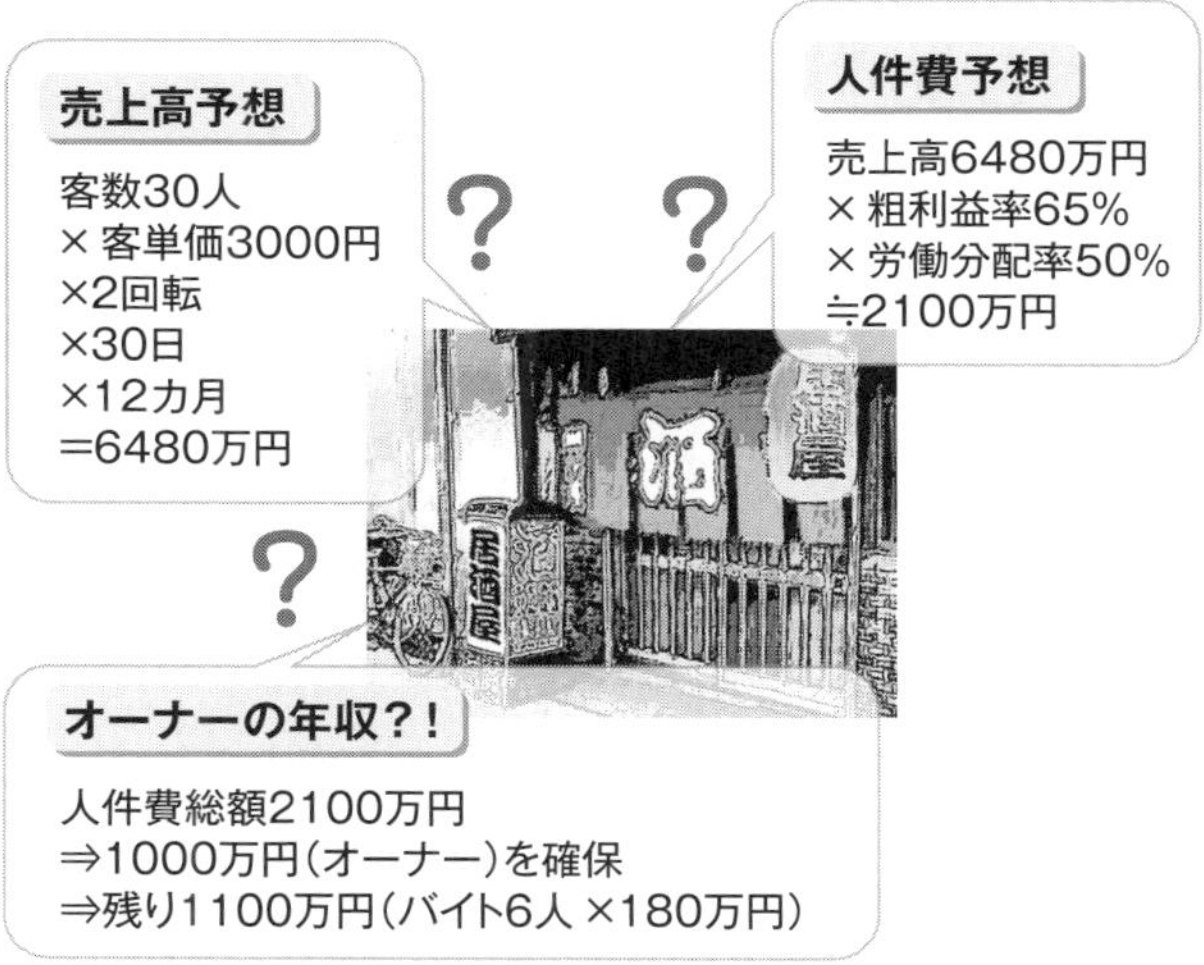

します。飲食店の売上原価は材料費です。居酒屋なので、まず売上からお酒や食材費を材料費として差し引きます。飲食店では材料費は大雑把に35%程度なので、粗利益率は60〜70%ですね。6480万円の65%で考えると、粗利益は約4200万円です。

この粗利益の中からオーナーや従業員の給料、家賃、光熱費を支払います。人件費はどのくらい取るでしょうか。労働分配率を50%とみると、予想した粗利益ならば、2100万円程度を人件費として支払えます。

▼さあ、オーナーの年収はいくらが適正でしょうか？

もし、脱サラして商売を始めたのなら、1000万円は欲しい、と思ったとします。2100万円から1000万円を引くと、1100万円残る。さあ、これでやっていけるか？

オーナーが1000万円として、従業員の取り分は1100万円です。キョロキョロと従業員の数を数えてみると、ホールに3人、厨房に3人いました。オーナーを除いて6人のようです。単純に1100万円÷6人と計算すると、1人180万円くらいです。

ちょっと安いなあ。なら、この店にいるお兄さんたちは、バイトかな？　と。こんなふうに、飲みにいったら、ぜひ計数感覚を鍛えましょう。「この店のオヤジはいくらもらっているのかな?」なんて、酒の話題にいかがですか。

……おっと、そうこうしていたら、ビールと料理が出てきました。乾杯!

キーワード

労働分配率

粗利益に対する人件費の割合のこと。一般的に50%以下が適正だが、赤字企業になると50~60%以上と高くなる。

関連

粗利益
客数
客単価
客席回転率

コラム

労働分配率は、アップ・ダウンのどっちがよい傾向か？

毎年、春になると賃上げ交渉の話が新聞紙上を騒がせています。年齢、勤続年数、能力向上などの資格要件を評価し決まる定期昇給や、物価変動の影響や生産性向上の評価によって、社員全体の給与額そのものをアップさせるベースアップ（ベア）の二つの交渉です。この交渉の本質は、会社が人件費をどのくらい負担できるかの攻防ですね。人件費の負担を考えるときに、よく使われる指標が**労働分配率（人件費÷付加価値）**です。

▼組合側は、人件費アップを要求するわけですから、基本方向は労働分配率のアップを求めるでしょう。会社側は、人件費を抑えようとするために、労働分配率のアップを嫌います。いったい、労働分配率は、アップした方がいいのでしょうか？　ダウンした方がいいのでしょうか？

この問題については、次の三つの点に注目し、労働分配率を考える土俵を同じにしないと結論は出ません。

一つ目は、人件費をどのようにとらえるかです。人件費は一般的に次の8項目です。給与、賞与、法定福利費、退職金及び年金、福利厚生費、現物給与、教育訓練費、募集費。賃上げ交渉は給与・賞与中心になりがちですが、会社側は、人件費の範囲を広く見ているケースがあります。統計などを参考にすると、中小企業では、人件費は給与の1・5倍くらいになります。大手では1・7倍から1・8倍くらいになるようです。近年、賞与や福利厚生費などは減少していても、厚生年金や雇用保険などの会社負担分である法定福利費の負担が増しています。人件費をどうとらえるかで労働分配率の大きさは変わってきます。

二つ目は、付加価値をどのように認識するかです。P102でみたように付加価値をとらえるには二つの方法があります。一つは加算方式で、**人件費＋減価償却費＋賃借料＋支払利息＋税金＋当期純利益の合計**と見るケース。もう一つは控除方式で、**限界利益（売上高－変動費）**です。変動費をどのようにとらえるかで、限界利益は微妙に変化します。また、加算方式の付加価値よりも限界利益の方が大きな値になるので、限界利益を基準にした方が、労働分配率が小さく計算される傾向があります。日経経営指標では加算方式の付加価値を使い、TKC経営指標では、限界利益を使っています。

労働分配率を使った交渉の際には、どのような付加価値に基づいて労働分配率を算出しているのか、ハッキリしておく必要があります。そうでないと話し合いはかみ合わないでしょう。新聞などの記事を読むときも要注意です。

三つ目は、会社の将来をどのように考えるかです。

今のままの現状維持で考えるのか、優良企業をめざすのかです。もしあなたの会社が優良企業をめざすなら、労働分配率の現状が業界平均的な水準であるとして、労働分配率を徐々に下げることを目標にするでしょう。優良企業の労働分配率は、低くなる傾向があるからです。

ではなぜ低くなるのでしょう。付加価値の増加は、ヒトの成果だけでなく、設備などのモノの成果も影響します。最新鋭のＩＴシステムや機械を導入することで、ヒトの力に加わって、付加価値は増加するはずです。付加価値の増加分を人件費として成果配分するだけでなく、設備投資、Ｍ＆Ａなどの将来の投資に回すための自己資本増強分として、次のステージの成長を図るために蓄積します。その結果、自己資本が充実し、将来の借入などの際も低金利で資金が調達できるのです。

具体的には、黒字企業平均で労働分配率約50％なので、それより低い水準をめざすことが、優良企業に向かう条件です。人件費総額のアップを図りながらも、付加価値の伸びの範囲に抑え、労働分配率を下げていきます（次ページ図）。この場合の人件費総額のアップの意味は、人件費への投資を増やすことだという認識が、社員、経営の両方に必要になります。

売上がダウンし、付加価値もダウンするような衰退期に入った会社では、労働分配率も高い水準になっているはずですから、労働分配率を下げる方向で検討することになるでしょう。春闘では、定昇やベースアップ交渉が難しい状況になります。

しかし、労働分配率が極端に低い会社では、業績賞与などで、社員への分配を強化しないと、優秀な人材が流出してしまうことが考えられます。中小企業や非公開企業などで見られます。情報が社員に非公開なために、労働分配率という牽制が働かないことが一因であると思われます。このような場合は、労働分配率のアップが必要になります。

▼社員の立場では、労働分配率は大きい方がよく、経営者や株主の立場では、低い方がよいという意見をよく聞きますが、このような対立関係では、会社は成長できないでしょう。会社の成長のために、付加価値の考え方、労働分配率の意味をしっかり理解し、日々の活動につなげることができる計数感覚を持った社員の育成が欠かせません。このためにはこれらの経営指標を社員に公開することが必要ではないでしょうか。

優良企業の条件

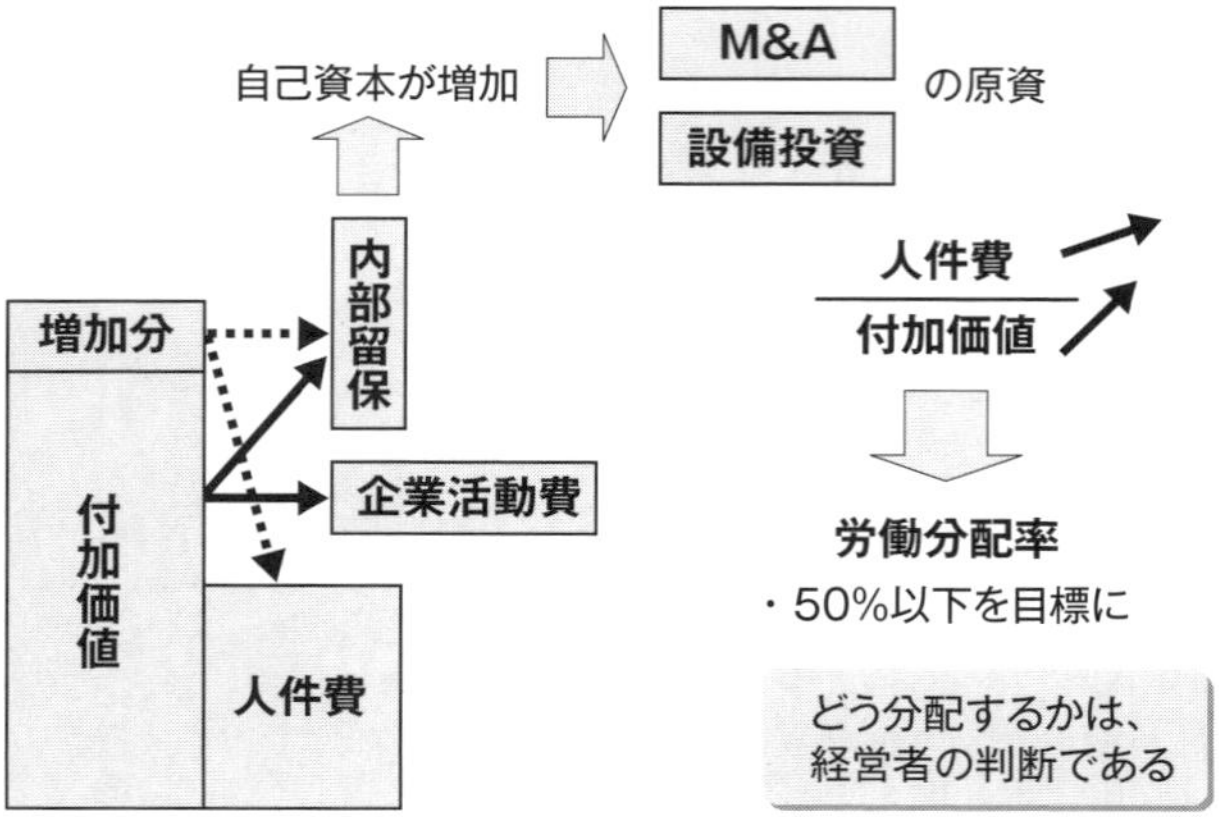

人事・組織

21

ガソリンスタンド、1時間に何台の車が給油したらペイする？

よく行くガソリンスタンドで、給油しながら、いつも思う。

「ガソリンスタンドの経営は厳しいだろうな」

バイトを使って何とかやっているようだ。いったい1時間に車が何台くらい給油したら、ペイするのだろうか？

（調べてみると、平均的なガソリンスタンドでは、1カ月に100キロリットルを販売するという。そのスタンドでは、従業員4名でやっているようだ）

ヒント

売上総利益率（粗利益率）は、黒字企業で平均15％なので、15％として計算してみよう

答

売上総利益率15%、従業員4名、1時間に14台、1台当たり35リットルという条件が損益分岐点の条件として想定できるが、どれか1つでも悪化すれば、赤字である。

ガソリンスタンドが廃業し、空き店舗のままになっていたり、中古車ディーラーに替わっているのをよく見かけます。TKC経営指標によると、ガソリンスタンドの平均的な黒字企業の**売上総利益率（粗利益率）**は15%程度あります。これは洗車や車検などの給油以外のサービス収入があるからです。ガソリンなどの油収入の売上総利益率は10%を下回っているはずです。

かつては、ガソリン1リットル当たり30~40円あった粗利益が、2000年以降の過当競争や原油高騰などの影響で10円以下に下がっているのです。

▼問題文にもあるように、平均的なガソリンスタンドでは1カ月に100キロリットルは販売するという情報から、いろいろ考えてみましょう。

25日営業として、1日当たり販売量は4000リットルです。8時間営業で、1時間当たり500リットル販売します。車1台当たり、平均35リットル給油するとして、1時間に14台が給油するということになります。

次に、1時間当たりの売上高を求めます。1リットル平均単価120円として、

120円×35リットル／台×14台＝5万8800円

売上総利益率を15%とすると5万8800円×15%で、8820円が1時間当たりの粗利益です。

▼粗利益のうち人件費に回せる金額（労働分配率）は50%ほどです。1時間当たりの粗利益8820円の50%は4410円です。これが想定しているガソリンスタンドの1時間当たりの人件費の許容限度額ということになります。ここから、店長の人件費、バイトの人件費を支払わなければなりません。

単純に4人で割れば、1人当たり1102円です。非常にギリギリであることがわかります。店長には、しっかりとした給与を支払わなければならないことを考えると、バイトの時給は1000円以下で、バイト相場を考慮すれば800円以上支払わないと、採用が難しくなるでしょう。ギリギリの選択が、経営者を待ち受けていることが想像できます。

▼実は、TKC経営指標の黒字企業平均で見ても、ガソリンスタンドの**売上高営業利益率**は1%しかありません。売上高の中から原料代や販売のコスト、賃金などを払ってしまう

とほとんど残らない。つまり利益が出ていないといってもいいわけです。となれば、これまでの計算は、ペイする状態、すなわちガソリンスタンドの**損益分岐点分析**をしていたことになります。売上総利益率15%、従業員4名、1時間に14台、1台当たり35リットル給油という条件が、どれか1つでも悪化すれば、すぐに赤字に陥ってしまうということです。いやー、厳しいですね！

キーワード

売上総利益率

売上高に対する売上総利益の割合で、一般的に粗利益率という。売上総利益率が低下している場合、商品に対する顧客の評価が下がっていることを暗示している。

関連

労働分配率
損益分岐点

人事・組織
22

製造業と小売業のリストラの違いとは？

急激な経営環境悪化で、リストラを迫られた品田産業（汎用部品製造業）の品田社長は、人員削減をすぐに決断した。しかし太田スーパー（食品スーパー）を経営している太田社長は、迷っている。どちらも中規模の会社である。

①なぜ品田社長は、リストラを決断できたのに、太田社長は迷うのだろうか。
②両社が行うリストラの本質的な違いを説明しなさい。

ヒント

両社の損益構造の違いと生産性に注目

人事・組織

答

①社員のモチベーションの低下は、すぐに回復することができないため、太田社長は決断できなかった。

②資本集約型と労働集約型の違いが重要。資本集約型の製造業は、機械化することで生産性（設備生産性）を高められるのに対して、労働集約型の食品スーパーは、社員の士気の低下が労働生産性の低下を招き、売上・利益が悪化していく。

世界経済が大混乱したとき、大手製造業などで派遣切りが社会問題となりました。汎用部品製造業の品田社長は、このことも頭にありましたが、人員削減の意思決定は早かったようです。これに対して、食品スーパーを経営する太田社長は、人員削減には慎重です。この違いは、経営の本質的な違いから来ています。

▼②から考えます。汎用部品製造業は、コンベアーなどの生産ラインで量産品を継続生産する装置産業です。コストの大部分は、減価償却費やリース料を中心とした**設備費**で、固定費型です。このような装置産業では、機械化を推進することで、生産性（設備生産性）をアップすることが経営課題です。自動車や電機メーカーも同じような装置産業ですね。

設備生産性は、付加価値（粗利益）を有形固定資産で割って求めます。有形固定資産1円当たりで、いくら付加価値を稼いでいるかという指標です。このほか、機械運転時間1時間当たりの付加価値もよく使われます。少ない投資（設備）で利益を稼ぐために、短時間で多くの生産能力がある設備への投資が、品田社長の重要課題です。

装置産業は固定費を多く使うので、急激な売上減少によって赤字になりやすい体質なのです（問13参照）。生産性アップのキーである機械装置はすぐに廃棄するわけにはいかないので、人件費削減を狙った人員整理などが、固定費削減の中心になってしまいます。

▼これに対して、食品スーパーはどうでしょう。労働集約型の職場で、固定費の半分は人件費です。労働集約型で人件費が大きなウエイトを占める食品スーパーでは、労働生産性の向上がとても重要です。

①もしリストラで人員削減などを行えば、社員の士気の低下を招きます。その結果、労働生産性の低下を招き、売上・利益が悪化していきます。機械化によって生産性を上げるには限界のある職場です。一度、社員のモチベーションが低下すると、早めの回復は、むずかしくなります。このような現状を踏まえ、太田社長は決断できなかったのです。

労働生産性は、1人当たりの付加価値（粗利益）のことで、働く人の知恵と工夫が大きく影響します。モチベーションの低下は、食品スーパーにとって大きな問題です。ソフト開発、飲食業、ホテル業なども同様の課題がありますね。

▼どのような会社でも、リストラにおいて、人員削減などを進めながら、従業員の士気をいかに維持するかが課題となります。特に販売部門の活性化は重要です。

パートの正社員化を進めて戦力化するケース、同じ仕事には同じ給与という職務給の導入など、仕事の質を評価する取り組みも行われています。

最後に、リストラで最も重要なことは、全従業員に**危機感の共有**を徹底することです。これがなくして、組織は変われないでしょう。リーダーシップの問題でもあります。

キーワード

労働生産性

1人当たりの付加価値のこと。働く人の知恵と工夫が表れる指標である。

関連

設備生産性
設備費
危機感の共有
リーダーシップ
モチベーション

人事・組織
23

人材派遣料とパート・アルバイト代は変動費？ 固定費？

①人材派遣料は、□費だから、人件費の変動費化の手段として、活用されてきた。□内に、当てはまる用語を考えなさい。

②パート・アルバイト代は、変動費？ 固定費？

③人材派遣料は、変動費？ 固定費？

ヒント

変動費と固定費は、売上高や生産高に連動するかしないかで、形式的に区別するが、ここでは本質を考えよう

答

①本文参照
②固定費
③形式的には変動費。本質は固定費と考えるべき。

経営環境の変化に応じて、臨機応変に組織を作りかえていくため、終身雇用体制が崩れてきました。そして成長市場へ人材が移動していく雇用の流動化も進んできましたね。

そのような流れの中、人件費を固定費化せずに、パート、アルバイトを活用することで、人件費の変動費化を行うというような人事政策が行われています。人材派遣も人件費の変動費化の手段として活用されるケースが目立っています。

▼①このように**人件費の変動費化**という言葉は、よく使われますが、言葉に惑わされると本質を見誤ります。［　　］に入る言葉は迷った方も多いでしょう。

物件費という言葉を思い付いた人は、派遣切りが問題になった時のニュース報道で耳にしたのではないですか。人を物のように扱っていると怒り心頭の人も多いでしょう。私もその1人です。派遣は人事部ではなく、総務部担当だと知って驚きました。

もともと物件費は、自治体などが使う行政用語なので、企業会計からすると違和感があります。となると、人件費を入れたいところですが、後の文章とのつながりから判断して、人件費はつながらないですね。

考えたくないですが、派遣を使う側の意識と実態は、**外注費**ではないでしょうか。派遣を使う会社側からすると、雇用保険も厚生年金も負担しないし、消費税が乗って、派遣会社から請求がきます。外注を使った時と会計上は同じ処理になります。そう考えると**業務委託費**も同じですが、偽装請負などの問題も絡み、派遣と業務委託は法的な面で区別するので注意が必要です。このような実態が派遣労働の問題の深さを示しています。

▼②パート・アルバイト（以下、パート等）はどうでしょう。期間を定めた非正規雇用という意味では、派遣と同じですが、会計上は、**雑給**で処理され、人事部の管轄で人件費です。福利厚生などで、不利な面もありますが、人扱いされているので、派遣より厚遇であるかもしれませんね。

さてパート等の人件費は、変動費でしょうか、固定費でしょうか。

変動費とは、売上高に応じて変化する費用です。**固定費**は、売上高とは関係なく発生する費用です。パート等は、売上高が急激に下がれば、契約期間後は解雇されるでしょう。会社側からすれば、繁閑に応じて人件費を変動させられますね。これが変動費化といわれる本質です。しかし、パート等は、正社員の給与と同じような点もあります。

それは、時給や日給であるという点です、正社員も月給制、年俸のいずれでも、時間が支払いの基本です。パート等も正社員も時間とともに人件費が発生するのです。

時間とともに発生する費用とは、固定費そのものなのです。代表的な固定費である家賃、減価償却費、リース料を考えてください。時間とともに発生します。

パート等の人件費は、減価償却費などと本質的に同じ時間軸を持っている固定費です。パート等の人件費は、発生を短期間でコントロール（管理）できるため、変動費と誤解されるのですが、パート等の人件費は、**短期的に管理可能な固定費**と考えてください。

▼③人材派遣料は変動費でしょうか、固定費でしょうか。すでに実態が外注費と似ている点を指摘しましたね。外注費は、材料費や売上原価のように、一般的に経営分析上変動費として扱われます。変動費のもう1つの性格は、外部から購入した価値であり、他社が生み出した価値である点に注目しましょう。人材派遣料も実態が、外注費と似た部分が多いので、変動費として分析されるケースが多いでしょう。しかし、時間とともに発生する固定費の性格を持ち合わせています。
実はここで、固定費のもう1つの性格を知る必要があります。それは、固定費は付加価

値を生み出すために必要な支出であるということです。売上高と連動しない固定費をなぜ会社は費やすのでしょうか。それは付加価値を生み出すためです。時間をコントロールしながら、付加価値を追求するのです。設備投資をしないで、研究開発をしないで、人を育てないで、多くを外注先に依存することで、その会社は付加価値を生み出せるでしょうか。人材派遣を使っても、パート等を使っても、正社員を使っても、会社経営という視点では、付加価値の創造が共通の課題ではないでしょうか。人材派遣料は、正社員と同じ固定費と考えて、付加価値の創造に向けて、人の活用を考えなければならないはずです。

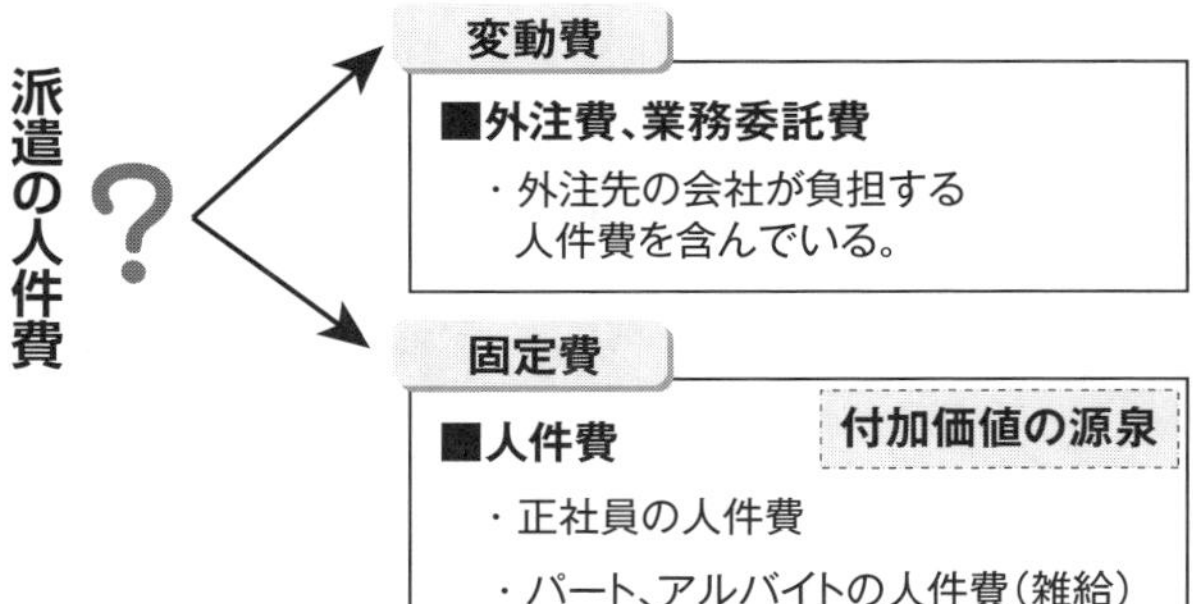

（注）人件費には、給与、賞与、厚生年金などの法定福利費、退職金、教育訓練費などを含んでいる。

キーワード

人件費の変動費化

人件費を短期的にコントロールできるようにすること。業績が下がったら削減できるという意味で使う。本来の変動費とは異なる意味なので注意が必要。

関連

外注費
業務委託費
雑給
固定費
変動費
物件費

コラム

固定費、変動費に分ける真の理由
——変動損益計算書の活用

費用を変動費と固定費に分ける理由は何でしょう。すぐに思いつくのは、**損益分岐点**分析を行うためです。そのために、実務では、科目別に変動費、固定費を決めて、集計する方法が取られます。一つの勘定科目を変動費、固定費に分解することもあります。

売上高から変動費を控除すると限界利益が算出されます。限界利益÷売上高を限界利益率といい、固定費÷限界利益率で、損益分岐点の売上高が計算できます。

限界利益は、一種の粗利益であり付加価値です。控除方式でとらえた付加価値の考え方です。統計などで使われる加工高という付加価値は、計算式を統一する必要から、変動費を、商品売上原価、直接材料費、買入部品費、外注加工費と決めて、売上高から控除して計算します。

付加価値(限界利益)は、人件費(ヒト)、賃貸料・減価償却費(モノ)、支払利息(カネ)、税金(国家)、利益(株主)へ分配されていきます。この分配内容を見えるようにした損益計算書が、変動損益計算書です。一種の付加価値計算書といえます（問15参照）。

変動損益計算書（左ページ図）では、付加価値がどのように分配されているかを見ることができます。限界利益に対する人件費の割合が労働分配率で、限界利益に対する利益の割合を資本分配率と呼びます。

変動損益計算書を2期以上並べてみると、付加価値とその分配割合がどのように推移しているかを見ることができます。２００７年までの景気拡大のときに、資本分配率が高まっているのに、労働分配率が減少する傾向が顕著になり、格差問題との関係で議論になりました。

変動損益計算書がすごいのは、付加価値を生み出す源泉である固定費として、何が使われ、その支出が付加価値に貢献しているかも見える点です。労働集約型の会社では、人件費のウエイトが大きくなり、資本集約型の会社では、減価償却費やリース料などの設備費のウエイトが大きくなります。

人材派遣料が、人件費という固定費として扱われていれば、限界利益（付加価値）の増加に貢献しているかも分析できます。もし外注費として扱われると、付

変動損益計算書で見えるもの

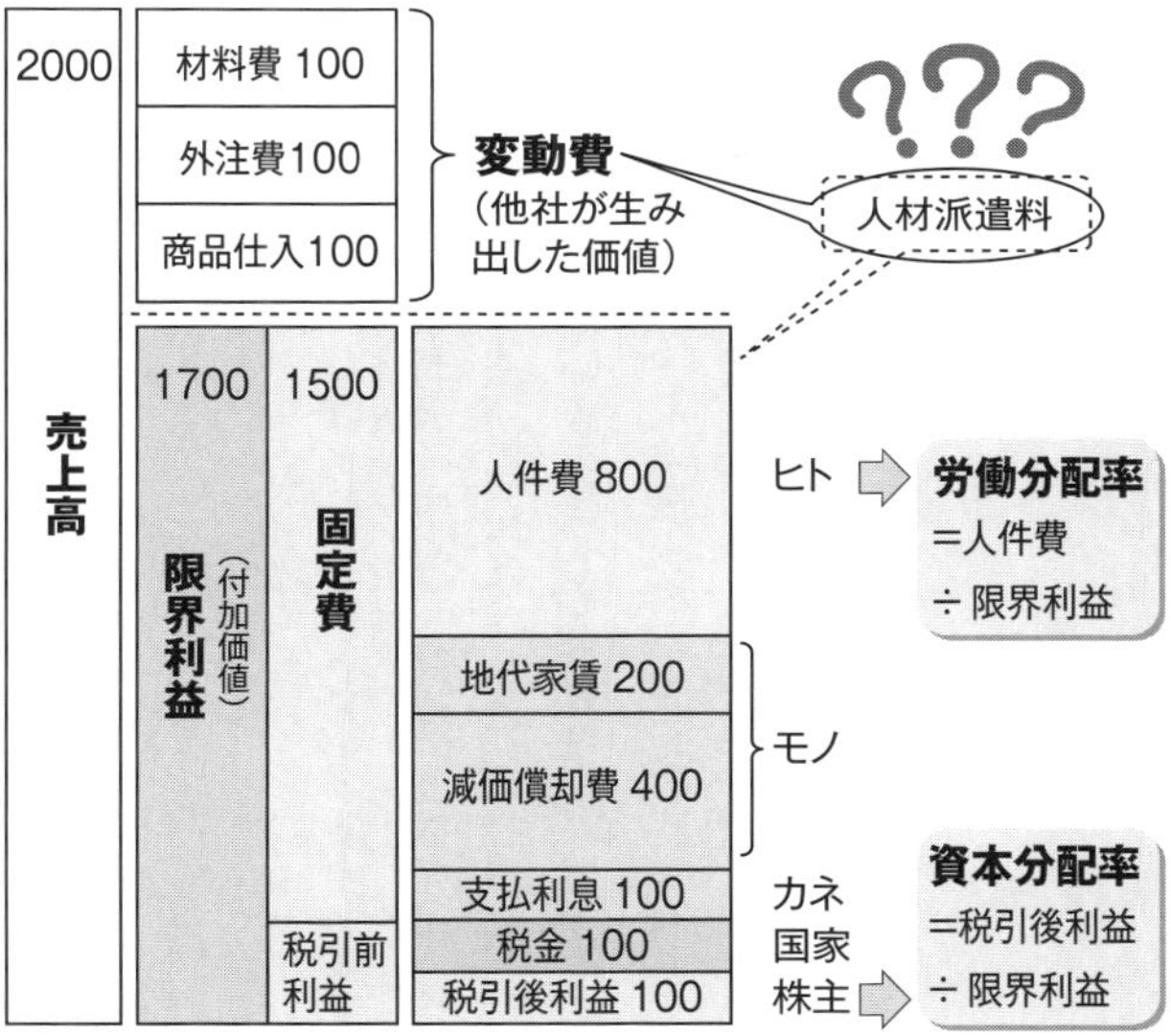
2000
売上高
材料費 100
外注費100
商品仕入100
変動費
(他社が生み出した価値)
???
人材派遣料
1700
限界利益
(付加価値)
1500
固定費
人件費 800
地代家賃 200
減価償却費 400
支払利息 100
税引前利益
税金 100
税引後利益 100
ヒト
労働分配率
=人件費
÷ 限界利益
モノ
カネ
国家
株主
資本分配率
=税引後利益
÷ 限界利益

加価値の計算から除かれ、付加価値は正社員とパート・アルバイトが作り出したという計数になってしまいます（P175の図およびP179の図も参照してください）。これは何かおかしな感じがしませんか。このような疑問は、同一労働、同一賃金という職務給という発想につながっていくのではないでしょうか。

今後、利益やキャッシュフローとともに、重要な経営指標になるのは、付加価値です。付加価値が人件費、利益、税金の源泉です。会社の社会的な貢献の始まりは、付加価値を生み出すことです。会社の成長は、付加価値の増加で測らなければなりません。付加価値を創造できなければ、会社の存在価値がないといっても過言ではありません。社会貢献の評価に使える**付加価値分析**。それに役立つ変動損益計算書は、経営管理において重要性を増すことでしょう。固定費、変動費に分ける真の理由は付加価値分析を実現することにあります。今後、会社での活用法を考えてみてはどうでしょう。

第4章

「戦略・投資」で使える計数感覚

有利子負債の削減策の考え方は？

ある経営者の話である。

「××年3月期の有利子負債は1000億円。減価償却費は、年間120億円あり、40億円の維持更新投資を除いても、大型投資を抑制しながら、80億円程度は削減に回せる。3年後には、（　　　）億円まで有利子負債を減らす」

①（　　　）に数字を入れよ。

②今後毎年、当期純利益が15億円であるとすると、経営者が毎年自由に使えるお金はいくらか？

③②の条件を加味し、当初の有利子負債の削減を進める場合、毎年、新規投資や運転資金などに使える資金はいくらか？（問題記載以外の要素は一切考慮しない）

答

①760億円＝1000億円－80億円×3年。

②15億円＋120億円－40億円＝95億円。

③95億円－80億円＝15億円で、当期純利益と一致する。

グロスキャッシュフローの範囲で、有利子負債を返済する計画を立て、余った資金で、新規投資や運転資金をまかなう。実現できれば、新たな借入を抑制しかつ財務の安全性を高めながら、次の成長戦略を考えることが可能になる。典型的なキャッシュフロー経営の考え方。

この発言の中には、みなさんが知っておくべき計数感覚が詰まっています。質問に対する解答を順番に考えながら解説しましょう。

借入金が多い会社は、新たな借入をして既存の借入を返済するか、新たな借入をしないで返済するか、財務方針を立てなくてはなりません。

▼前者は、財務の安全性が良好なとき、または多少安全性が悪くても利益が順調に伸びているときは可能です。金融機関が積極的に融資してくれるからです。しかし、景気後退で財務の安全性が悪化し、金融機関の融資姿勢が変化したとき、問題が表面化します。

問題とは、財務の安全性の悪化によって、借入金利のアップにつながり、融資を受けられても、金利負担増で利益を圧迫するということです。最悪の場合、借入ができなくなる可能性もあります。

▼このような事態を想定して、新たに借入をしないで、借入金を返済する会社が増えてきました。この場合は、毎期生まれるキャッシュフローの範囲内で返済を計画するのです。最も簡略化した考え方として、**グロスキャッシュフロー**がよく使われます。当期純利益と減価償却費の合計です。減価償却費だけ利益は減るが、

借入金の返済に回せるお金は?

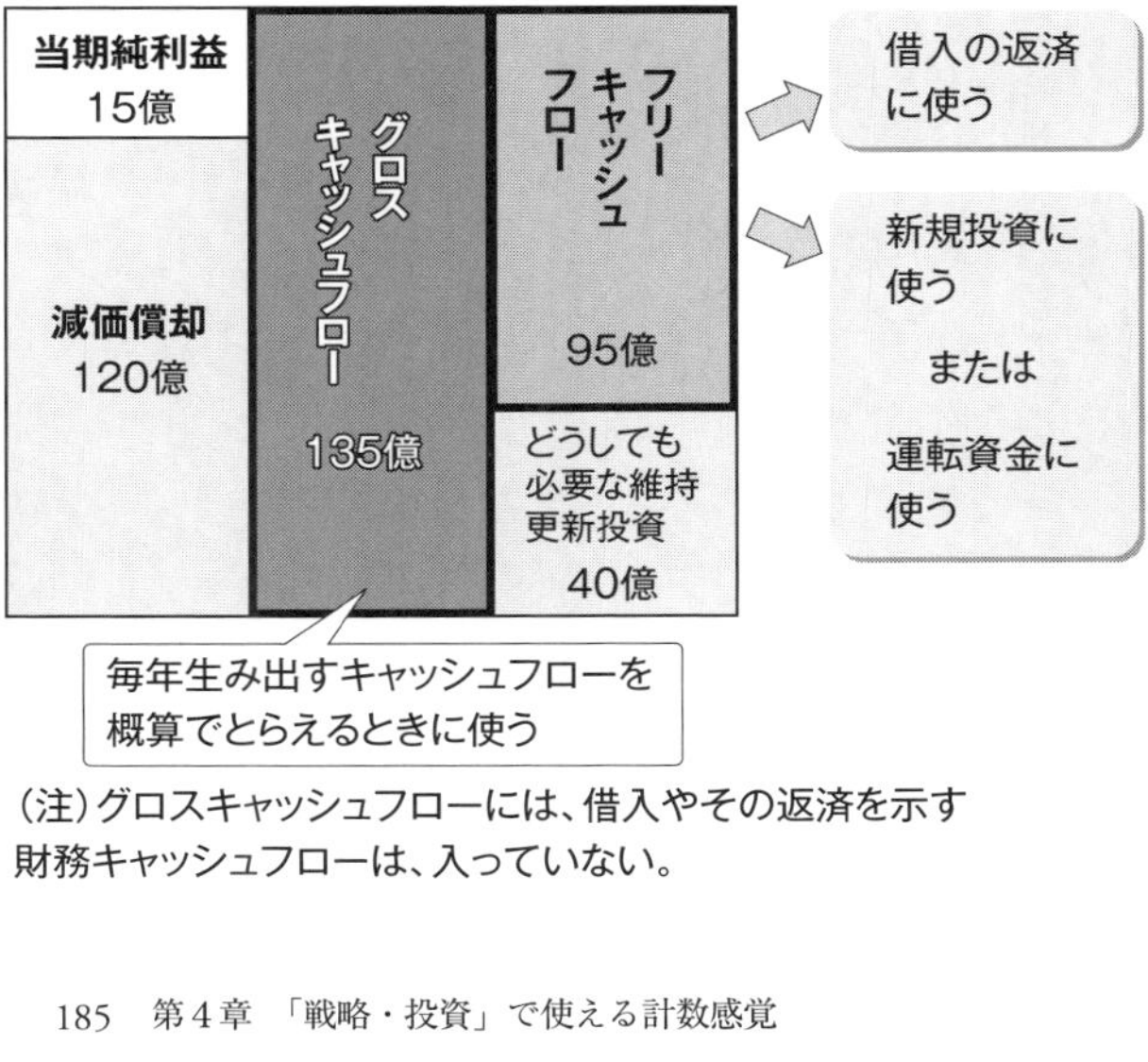

(注)グロスキャッシュフローには、借入やその返済を示す財務キャッシュフローは、入っていない。

減価償却費は現金が流出しない費用なので、手元に残るキャッシュフローとみなすことによって、お金の動きと一致させようという考え方です。

①これを意識して、減価償却費で生まれるキャッシュフローを借入返済に使おうというのが、問題文の経営者の発言です。有利子負債1000億円－減価償却費80億円×3年で、3年後は、有利子負債760億円が残ります。

②予想当期純利益15億円を考慮すると、**グロスキャッシュフロー**は135億円（15億円＋120億円）となります。ここから削減できない維持更新投資40億円を控除すると95億円が残ります。95億円は、経営者が自由に使い方を決められるお金という意味で、**フリーキャッシュフロー**です（前ページの図）。

③フリーキャッシュフローが95億円発生することがわかれば、このお金を有効に使うことを考えます。この会社では、有利子負債の削減がテーマなので、借入金の返済（財務キャッシュフロー）に優先的に使います。そこで、毎年のフリーキャッシュフロー95億円から、有利子負債80億円の返済をすると、15億円だけフリーキャッシュフローが残ります。15億円は、新規投資資金や運転資金（在庫資金や給与などの経常的な経費支払いのための資金）として使えることになります。

以上のような流れで、有利子負債の返済計画は立案されます。15億円の当期純利益が見込めない場合、新規投資資金や運転資金を、金融機関から借りる（財務キャッシュフロー）必要があるので、毎年80億円を返済する計画は見直しを迫られるでしょう。

フリーキャッシュフローを黒字にして、その資金で新規投資や運転資金をまかなう考え方は、有利子負債の削減がテーマの会社にとっては、重要な計数感覚です。債務償還年数などで適正な借入額チェックも必要です（問03参照）。

キーワード

グロスキャッシュフロー

当期純利益＋減価償却費でとらえたキャッシュフローで、粗キャッシュフローともいう。概算でキャッシュフローをとらえ考えるときに使う。全社のキャッシュフローから、借入、その返済などの財務キャッシュフローを除いた考え方である。

関連

運転資金
フリーキャッシュフロー
財務キャッシュフロー
キャッシュフロー経営
債務償還年数

戦略・投資
25

設備投資予算をどう決める?

田中工業の方針は次の通りである。

「これまでキャッシュフローの範囲ですべての設備投資を行ってきたが、来期は、実質的なキャッシュフローを超える新規設備投資を計画している。その不足分は、借入金を調達してまかなう予定である」

田中工業の来期のデータは以下の通りである。

新規設備投資は110億円の予定。このほか、必ず必要になる維持更新投資が30億円。予想営業利益150億円、年間減価償却費40億円、法人税等の税率40%。

(注)田中工業は無借金経営。配当や運転資金は考えない。

①「キャッシュフローの範囲ですべての投資を行う」というときのキャッシュフローは、どのようなキャッシュフローか？　また金額はいくらか？

②「実質的なキャッシュフロー」とはどのようなキャッシュフローか？　また金額はいくらか？

③新たな借入はいくら必要か？

ヒント

キャッシュフロー（収支）は、営業キャッシュフロー、投資キャッシュフロー、財務キャッシュフローに分類される

答

①営業キャッシュフローで130億円。
②営業キャッシュフロー130億円から維持更新投資30億円を控除した100億円がフリーキャッシュフローである。
③新規設備投資110億円とフリーキャッシュフロー100億円の差額が、新規の借入額となり10億円。

この問題は、グロスキャッシュフローのような概算で行わず、正式に考えます。キャッシュフロー（収支）は3つの種類があります。売上高を源泉とする営業利益がもたらすキャッシュフローが、**営業キャッシュフロー**です。営業活動で動いたお金の収支です。次に、設備投資やM&A、設備や子会社株式の売却で動いたお金の収支が、**投資キャッシュフロー**です。新株発行、借入金の調達、返済、配当の支払いによって動いたお金の収支が**財務キャッシュフロー**です。

▼営業キャッシュフローは、維持更新投資や新規投資に使うお金として最良な資金です。財務の健全化をめざす会社は、**営業キャッシュフローの範囲で設備投資を考えます**。この範囲で設備投資を行えば、新たな借入が必要ないからです。

設備投資予算(年間)の決め方−3パターン

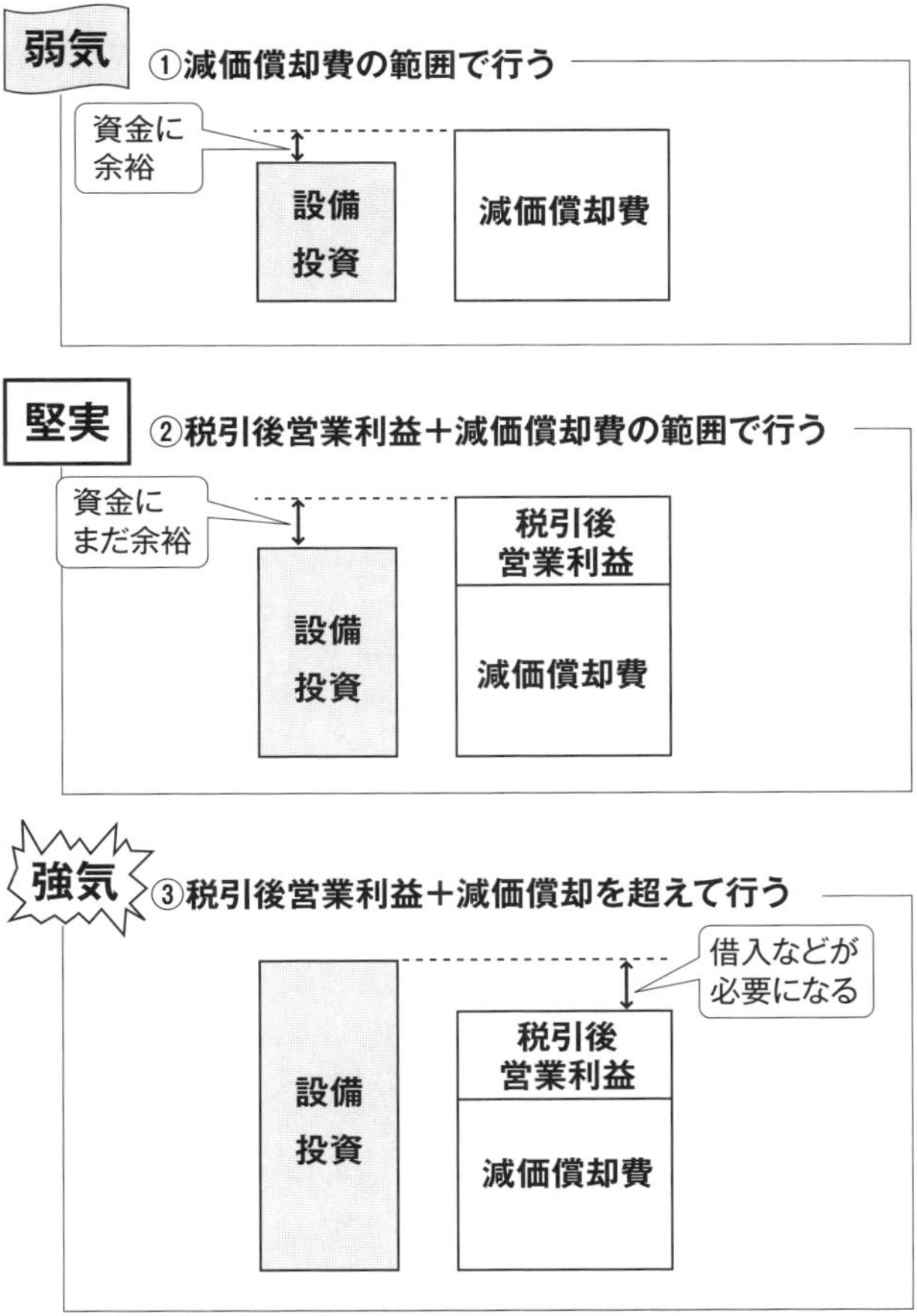

(ポイント：利益は税引後を使う)

営業キャッシュフローは、130億円（税引後営業利益＝150億円×（1－40％）＋減価償却費40億円）です（①）。130億円から、削減できない維持更新投資30億円を控除すると100億円残ります。この100億円が自由に使える実質的なフリーキャッシュフローです（②）。これを使って新規投資110億円を行うと、10億円が不足します。新たな借入は10億円必要になります（③）。

▼過去の分析としての財務分析では、営業キャッシュフロー130億円から投資キャッシュフロー（維持更新投資30億円＋新規投資110億円）を控除した△10億円を**フリーキャッシュフロー**と呼びます。

しかし計画では、新規投資にどのくらい資金が使えるかが重要なので、営業キャッシュフロー130億円から、どうしても削減できない維持更新投資30億円だけを控除した100億円が、計画で使うフリーキャッシュフローとなります。このフリーキャッシュフローを多く生み出し、どう再投資するか決めることが、経営者の役割です。

▼一般に設備投資計画を考える場合に、3つのパターンがあります（前ページ図）。

1つは、**減価償却費の範囲で設備投資を考えるケース**です。田中工業では、減価償却費の40億円以内です。維持更新投資30億円は可能ですが、新規投資は10億円しかできません。

不況期に見られる弱気なパターンです。
2つ目は、**税引後営業利益＋減価償却費の範囲で設備投資を考えるケース**です。田中工業では、130億円以内です。堅実経営のパターンです。
3つ目は、**税引後営業利益＋減価償却費を超えるケース**で、問題のケースです。130億円を超える投資を行う成長期の強気なパターンです。超える分は、新規の資金調達が必要になります。

キーワード

営業キャッシュフロー

営業キャッシュフローは、営業活動から生まれたお金の収支。その源泉は、本業の儲けである営業利益で、税引後の営業利益＋減価償却費－（在庫増＋売上債権の増－買入債務の増）でおおまかにとらえることができる。

関連

フリーキャッシュフロー

戦略・投資
27

マンション投資の「利回り」は？

次の物件への投資を考えている。利回りはいくらか？

①購入物件の内容　　マンション
・購入価格　　9000万円
・購入時の初期費用　1000万円（仲介手数料、消費税、不動産取得税）
②購入資金　自己資金は5000万円しかないので、残りは、年3％で借りる
③収支計算
・年間家賃　　500万円
・年間必要経費　　50万円（管理会社への管理料、固定資産税など）

ヒント

利回りは1つではない！

答

表面利回り（5・6％）、初期費用を考慮した利回り（3％）、自己資金に対する利回り（6％）など、いろいろある。

株式や債券投資とともに、個人で不動産投資をする人も増えてきました。REITという不動産投資信託への投資も盛んになっています。投資で重要なのは、**利回りの見積もり**です。これらの利回りが高ければ、資金を振り向ける魅力も増していきます。不動産投資では、利回りをどのように考えるかが、この問題です。

▼一般によく語られるのは、年間家賃収入を購入価格で割って求める表面利回りです。**家賃収入500万円÷購入価格9000万円**で計算します。簡単に利回りを計算するときに使われます。

これで計算すると、**5・6％**。定期預金より高く魅力的ですね。しかし、表面利回りは、正確ではありません。初期投資額は、購入価格のほか、不動産取得税や仲介手数料などの初期費用がかかります。この初期投資額に対する家賃収入の割合を計算すると、家賃収入500万円÷（購入価格9000万円＋初期費用1000万円）となり、利回りは5％とやや下がります。

さらに、家賃収入は手取りではありません。管理会社への管理料や固定資産税、修繕積立金などの必要経費が、年50万円かかります。借入金には、支払利息150万円（5000万円×3％）がかかります。

（家賃収入500万円－年間必要経費50万円－支払利息150万円）÷（購入価格9000万円＋初期費用1000万円）となり、利回りは3％とさらに下がります。

これらの利回りは、**投資額に対する利益の割合**を求めたものです。一般の経営分析では、**収益性分析**のことで、ROA（総資産利益率）の考え方と同じです。

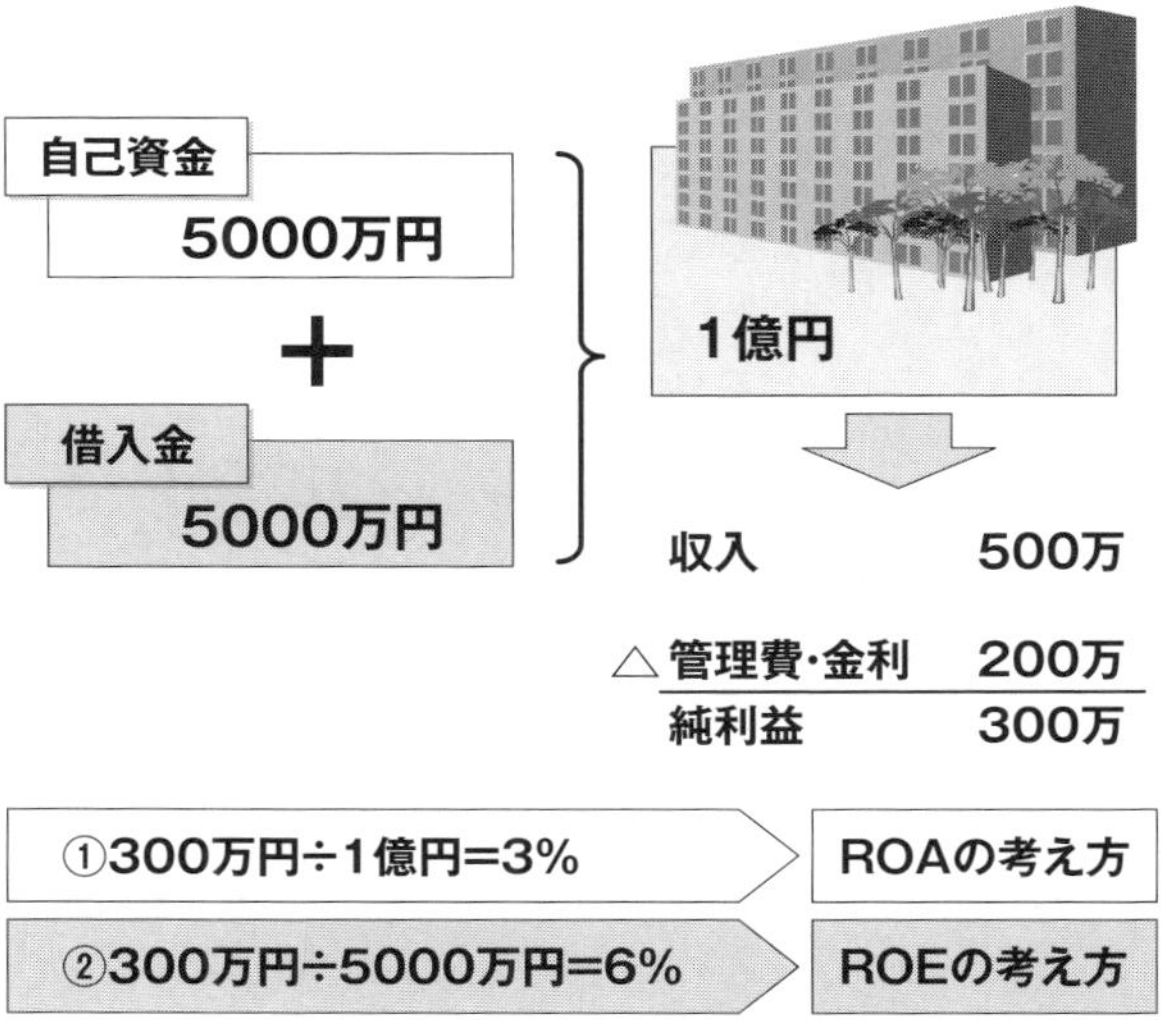

▼もう一つ重要な収益性があります。**自己資金に対する利益の割合**です。自己資金は、5000万円でした。これに対する利益は、家賃収入500万円－年間必要経費50万円－支払利息150万円で計算すると300万円です。自己資金に対する利益の割合は、300万円÷5000万円で、6％となります。この指標は、一般の経営分析では、**収益性分析**の中の**ROE**（自己資本当期純利益率）の考え方と同じです。

▼これらの利回りと、定期預金の金利や国債などの債券投信の利回り、配当利回りなどと比較しながら、不動産投資が有利かどうかを検討する必要があります。

年間家賃収入から必要経費などを控除した利益には、個人なら所得税がかかります。それを考慮すると税引後利益で計算した利回りはさらに低下するので、注意しましょう。

販売業者が、表面利回りで「6％ありますよ」と提案してきても、購入者は冷静になって、いろいろな計数を比較して判断することが必要です。

キーワード

ROE

自己資本に対する当期純利益の割合。株主の投資利回りとして、株式投資の判断に使われる。

関連

ROA
利回り
収益性

コラム

家賃保証システムを考慮した場合の利回り

家賃保証システムは、家賃の10％程度を不動産業者に支払う代わりに、物件に空室が発生したとき、不動産業者が空室家賃分を支払ってくれる制度です。不動産管理などとともに不動産会社が力を入れています。この制度を利用すると、投資利回りがさらに低下します。

家賃保証料を10％とすると、５００万円×10％＝50万円です。

（家賃収入５００万円－年間必要経費50万円－家賃保証料50万円－支払利息１５０万円）÷（購入価格９０００万円＋初期費用１０００万円）で利回りは２・５％となります。かなり低くなってしまいます。

20～30年間の一括借上家賃保証などは、保証料がさらに高いケースがあります。

たとえば20％とすると、

（家賃収入５００万円－年間必要経費50万円－家賃保証料１００万円－支払利息１５０万円）÷（購入価格９０００万円＋初期費用１０００万円）で、利回りは２％

です。

オーナーの手取り収入で考えると、

家賃収入500万円－年間必要経費50万円－家賃保証料100万円－支払利息150万円－元金返済額100万円＝100万円で、かなり小さくなります。

（注）5000万円を年3％、30年返済（元利均等返済）で借りると、年間で約250万円の元利合計を返済する必要があるので、元金支払い分を250万円－金利150万円＝100万円と見積もっています。

投資額1億円に対して100万円の手取りなので、利回り1％になってしまいます。

以上の計算はあくまで概算です。長期間の家賃保証システムには、入居率などを加味した定期的な家賃見直しによるオーナーの収入の減少、空室家賃の全額保証ではないケース、不動産会社の経営破綻などのリスクも伴います。不動産管理会社の安全性分析も必要になります。しっかりと契約条件などを理解した上で、利回り計算をし、有利な投資かどうかを見極める必要がありますね。

戦略・投資
27

利益が出ていたのに実は大損。いったいなぜ？

創業3年目を経過した卸売業A社のデータである。スタート資金は500を用意し事業を始め、3年間の業績は以下のとおりである。

	1年目		2年目		3年目		3年合計
売上高	100	⇒	200	⇒	300	⇒	600
利益	10	⇒	20	⇒	30	⇒	60

※税金は考慮しません

事業スタート時、250の設備を現金購入。耐用年数は5年で、毎年均等に減価償却費50（残存価額0）を計上。3年間の費用・商品仕入はすべて現金で支払い、借入も行っていない。

①3年間でA社はいくら儲かっているか?

②①を判断するのに、追加で必要になる情報を2つ挙げ、その理由を考えなさい。

ヒント

投資の回収は?

答

①3年間では、儲かっていない。
②本文参照。↑必要情報を思いついた人はかなり計数感覚があります。

▼はじめに、必要になる追加情報を考えてみましょう。

A社は卸売業なので、**売上代金を現金回収したか**気になりませんか。これが気になれば、次の質問が出ます。**3年目末で代金の回収が終わっていない金額（売掛金）はいくらですか？** と……。二つ目の必要な情報は、**「在庫」**です。仕入れても売れ残っている可能性がありますから。売れ残れば損益計算に反映されません。

この二つの質問が浮かんだら、非常に計数感覚があります。**売掛金と在庫**の存在を意識したことになります。これはキャッシュフローを意識しているからです。

▼それでは3年間のキャッシュフローで考えてみましょう。仮に売上高600はすべて現金入金済みとすれば、総収入は600です。

次に支出を考えてみましょう。まず費用支出は3年間でいくらでしょう。費用は540（売上高600－利益60）です。しかしチョット待ってください。費用には減価償却費15

0（年50×3年）が算入されているので、3年間の費用支出の総額は、540－150＝390です。減価償却費は損益計算上の費用で、150の支出はないからです。

　これ以外に支出はあるでしょうか？　そうです。設備投資で250を支出していますね。これを支出に加算すると390＋250＝640（総支出）になります。

▼ここで、**キャッシュフロー（収入－支出）**を計算してみましょう。600－640＝△40です。実はキャッシュフローでは、赤字なのです。大切なのはここからです。

　売上高600はすべて現金で回収済みという前提で計算しているので、売掛金が残っていれば、もっと少ない可能性がありま

損失の意味

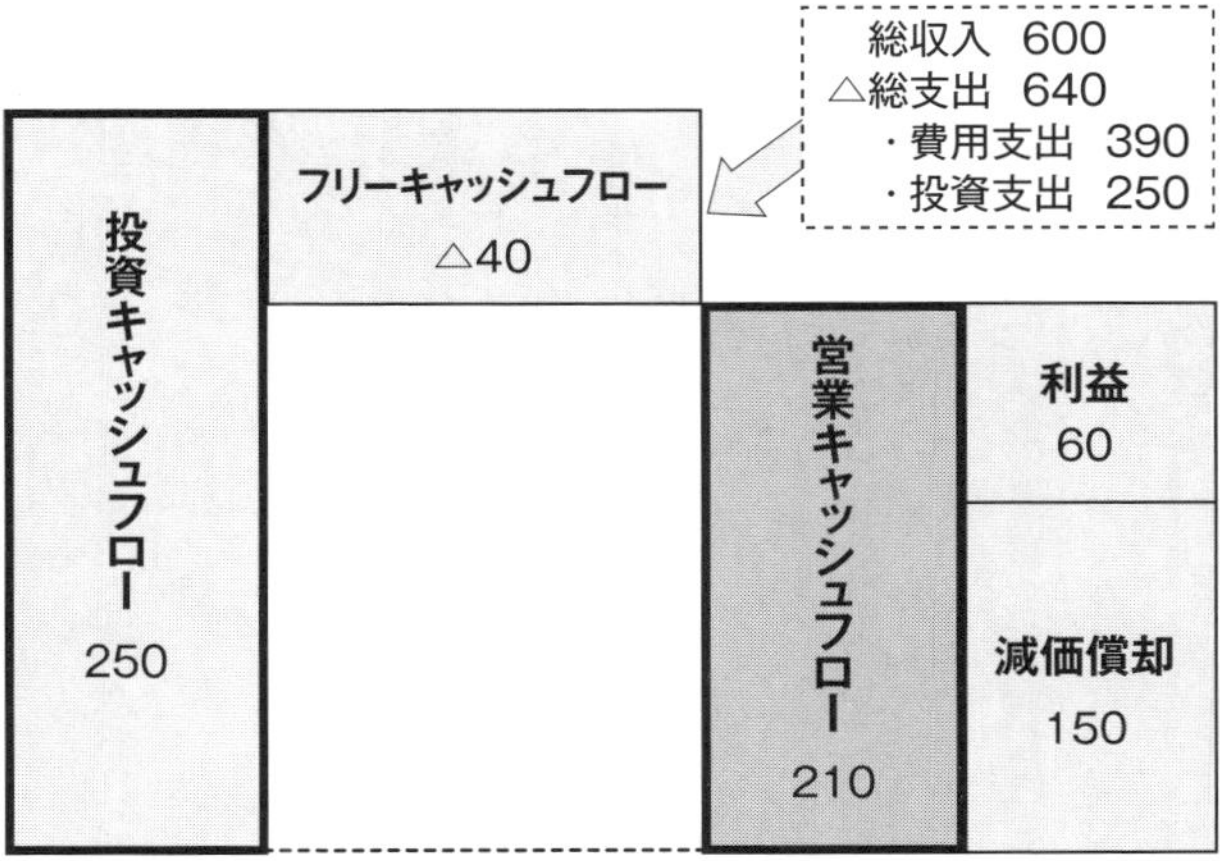

す。そうすればキャッシュフローはもっと赤字ですね。

さらに加味すべき支出は在庫です。**在庫は販売されるまで、損益計算書には算入されない**（費用にならない）ので、在庫があれば、キャッシュフローはもっと赤字ですね。△40は、赤字の最低限の数値です。△40は、設備購入に伴う支出250を控除した結果ですから、**投資資金の回収が終わっていないこと**を示しています。△40は**フリーキャッシュフロー**と呼ばれ、赤字の場合は、投資の回収が終わっていないことを示します。

営業キャッシュフロー210（利益60＋減価償却費150）から投資キャッシュフロー250を控除したフリーキャッシュフローが△40の赤字と説明しても同じことです（前ページ図）。億という単位だったと考えれば、利益60億円なのに実は40億円も損していたという話になります。

▼**利益で判断すると儲かったことになりますが、キャッシュフローで見ると儲かっていません。**上場会社にキャッシュフロー計算書が義務化されたのは、2000年3月期からです。それまでは、多くの会社が利益で儲けの判断をしていました。そのため、利益だけを見て儲かったと判断して、**過剰投資**に陥ってしまったのです。バブル期の設備過剰は、こうやって生まれたのです。キャッシュフローで判断する意義が見えませんか。

キーワード

フリーキャッシュフロー

フリーキャッシュフローは、純現金収支とも呼ばれ、営業キャッシュフローと投資キャッシュフローの合計でとらえる。これがプラスであれば、投資の回収ができている。ただし、大型投資を行った場合、単年度のフリーキャッシュフローは赤字になる場合がある。

関連

在庫
売掛金
営業キャッシュフロー
投資キャッシュフロー

戦略・投資
28

将来の見積もりのズレを修正する簡単な方法とは？

3500万円の設備投資を行った。
今後の営業キャッシュフローの予想は、1年目△500万円、2年目ゼロ、3年目1000万円、4年目1500万円、5年目2000万円と予測し、合計4000万円である。

5年間で見たとき、この投資の採算は合うだろうか？

ヒント

単純合計でない方法を考えると、結論が異なるかも

戦略・投資

答

単純合計では、採算が合う（設備投資3500万円＜5年間の営業キャッシュフロー合計4000万円なので）。

5年間の営業キャッシュフローの見積もりのズレによっては、採算が合わない。ズレの修正方法が、割引計算である。

すぐに出る結論は、このようになるでしょう。4年目の営業キャッシュフローの累計が2000万円で、5年間累計で4000万円です。初期投資の3500万円は、5年目に入って、回収できています。5年後で500万円だけ初期投資を上回っているので、採算はとれています。大雑把な考え方ですが、この採算の考え方は理解いただけますね。

ここで問題なのが、見積もり数字には、ズレがあるということです。この**将来の不確実性**、すなわち**リスク**は、採算計算にどのように盛り込めばいいでしょう。

▼これには、簡素化した**割引計算**という手法を使ってみましょう。

営業キャッシュフローの5年間の合計4000万円は、見積もりより悪化したら、どのくらい減少するかを考えてみましょう。営業キャッシュフローの予測額は、かなり緻密に予測したのですが、見積もりですからズレが出るはずです。

見積もり担当者も実はこう思うでしょう。「営業キャッシュフローの予測額は、確実でないのでやや割り引いて考える必要がある」と。一般の会話で、「彼の言うことはいつも大げさなので、割り引いて考えておこう」という割引と同じことです。この考え方を、予測額に応用するのです。

▼1年で5％程度のズレが発生すると大雑把に考えたとします。そうすると5年後の2000万円の予想は、かなり不確実なので25％（5％×5年）割り引いて考えようと考えます。よって2000万円の現実的な額（現在価値）は、2000万円×（1－0・25）＝1500万円ぐらいとなります。4年後の予想額1500万円の不確実性はやや少なくなるので、20％だけ割り引いて考えます。よって1500万円の現在価値は、1500万円×0・8＝1200万円です。3年目の1000万円の

予想の見積もりのズレを修正する方法

（単位：万円）

	5年間の合計	1年後	2年後	3年後	4年後	5年後
①営業キャッシュフローの予想	4,000	△500	0	1,000	1,500	2,000
②大まかな修正率（割引率）		0.95	0.9	0.85	0.8	0.75
③現実的な予想値 ①×②	3,075	△475	0	850	1,200	1,500

④初期の投資額	3,500
⑤儲け（修正前）①−④	500
⑥ズレを修正後の儲け③−④	△425

現在価値は、15%割り引いて考えると、1000万円×0・85＝850万円。2年後はゼロ、1年後は5%割り引いて△475万円（＝△500万円×0・95）となります。

よって修正後の5年間で発生する営業キャッシュフローの合計は、3075万円となります。3500万円の設備投資により、3075万円の営業キャッシュフローしか生まれないとすれば、3075万円－3500万円＝△425万円の損失で、採算は合わないことになります。大雑把な計算ですが、営業キャッシュフローの単純合計4000万円と3500万円を比較して、採算を判断するよりは、

ズレの簡単な修正方法（割引計算）

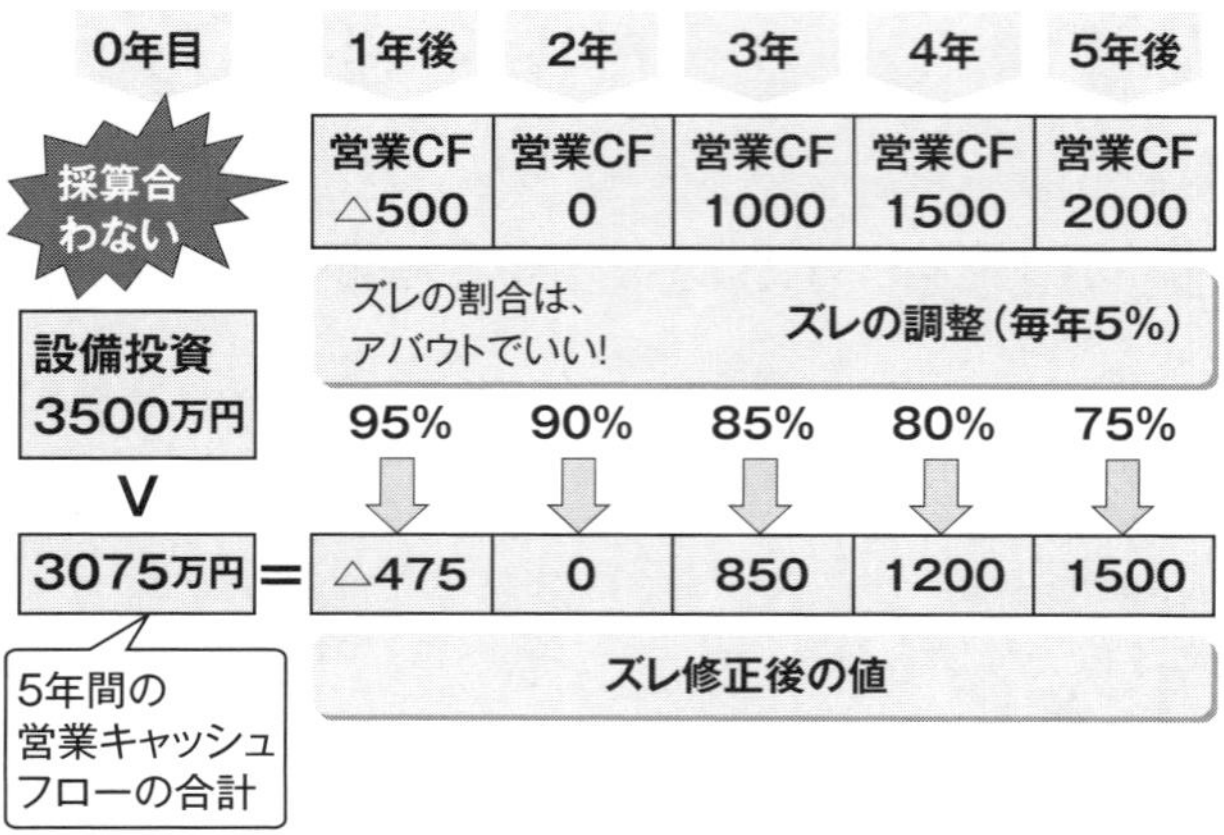

説得力がありませんか。

▼このように、将来の予測額の見積もりのズレを修正する方が、現実的な数字に近づくので、意思決定に際しては、ぜひ取り入れたい計数感覚です。

計算に使った5％は、**割引率**と呼ばれています。その本質は、**リスク率（不確実性の大きさ）**です。予測がしにくく、あいまいな場合は、このリスク率が大きくなるので、将来の予測値が大きくても、判断に使われる割引後の数字は、小さなものになるのです。

実務で使われる割引率は、5％のズレに5％のズレが加わると考えれば、金利が金利を生む複利計算のように考えることになるので、割引率はもっと大きくなります。詳細は次のコラム（P215）をご覧ください。

▼投資キャッシュフロー（設備投資）と営業キャッシュフローの差額△425万円は**フリーキャッシュフロー**または、**正味現在価値**と呼ばれ、長期投資の採算計算ではよく使われる指標です。計算結果が、黒字なら採算が取れていると判断します。

割引計算という考え方を導入して、気付くことは以下の通りです。

①予想が確かな早い時期に投資回収が終わる必要がある。

②黒字でも、早い時期の黒字化と遅い時期の黒字化では採算計算に差が出てしまう。

③割引率の大小によって、採算が変わってしまう。
計画に確実はないですが、計画を立てないともっと不確実になってしまうことを肝に銘じましょう。

キーワード

割引率

将来の予測値のズレを修正するための割合。リスクの度合いを示している。実際の計算では、加重平均資本コスト（WACC）を使う。

関連

資本コスト
営業キャッシュフロー
フリーキャッシュフロー
リスク
正味現在価値

コラム

割引率（リスク率）の決め方

ビジネスの世界では、リスクを危険と訳さないで、**不確実性**と解釈してください。リスクが高いとは、**不確実性が高い**と考えます。たとえば、銀行預金や郵便貯金は、確定金利なので１００万円預けたとき、約定利息を受け取れる確実性は非常に高く、リスク率は低いといいます。だからリスク率を表す預金金利は低いのです。

株式投資はどうでしょう。株式投資の利回りは、**（受取配当額＋値上がり益）÷株式購入額**で決まります。１００万円で株式投資しても、配当や値上がりは、業績に応じて決まるのでどうなるかわかりません。株式投資は高い利回りを実現できる反面、大きな損失をこうむる可能性もあります。不確実性（リスク率）が非常に高いのです。

▼会社は、資金の提供を受け、事業に投資して運用しています。銀行や株主などの資金提供者は、それぞれ**期待収益率**を持っています。銀行なら貸付金利、株主

なら配当や値上がり益を含む期待収益率です。会社は、さまざまな資金を事業に投資するので、資金提供者の考えている平均的な期待収益率を、会社が最低限達成しなければならない**収益性**（ROA）の目標にするケースが見られます。

その理由は、資金提供を受けた会社は、期待収益率以上の運用をしなくては、資金提供者の期待に反することになり、経営の受託責任を果たしたことにならないと考えるか

ズレの修正（正式な割引計算）　…**5%の場合**

0年目	1年後	2年	3年	4年	5年後
採算合わない	営業CF △500	営業CF 0	営業CF 1000	営業CF 1500	営業CF 2000
	割引率5%とすると				
設備投資 3500万円	$\frac{1}{(1+0.05)}$	$\frac{1}{(1+0.05)^2}$	$\frac{1}{(1+0.05)^3}$	$\frac{1}{(1+0.05)^4}$	$\frac{1}{(1+0.05)^5}$
V	0.952	0.907	0.864	0.823	0.784
3190万円 =	△476	0	864	1234	1568

5年間の営業キャッシュフローの合計

らです。**残余利益、パナソニックのCCM**（Capital Cost Management）、**EVA**（**経済付加価値**・米スターン・スチュワート社の登録商標）などの指標はこのような考え方を前提にしています。

収益率のズレに使う割引率も、平均的な期待収益率を基準に決めます。経営の本では、**加重平均資本コスト**（WACC：Weighted Average Cost of Capital）と呼ばれている指標です。具体的な計算法は、拙著『新版・経営分析の基本がハッキリわかる本』でご確認ください。

毎年5％見積もりがズレると考えましょう。ズレにズレが重なってズレが大きくなります。これは複利計算の考え方と同じです。

1年後は1＋0・05％ズレます。2年後は（1＋0・05）^{2}ズレます。このように計算していけば5年後は、（1＋0・05）^{5} ≒ 1・276ズレます。5年後は、現在より1・276倍ズレるということです。5年後の予想値の78・4％（≒1÷1・276）が、ズレ調整後の現在の値になります。

この考え方で、各年のズレ率（割引率）を計算すると、1年後0・952、2年後0・907、3年後0・864、4年後0・823、5年後0・784となります。

各年度の営業キャッシュフローに乗じて、ズレ調整後の営業キャッシュフローを計算すると3190万円です。3190万円－設備投資3500万円＝△310万円なので、5%のズレを前提とすると、やはり採算が合わないという結果になります。

一般的に、△310万円は**正味現在価値**と呼ばれ、長期投資の採算計算で使われています。プラスになれば投資の回収ができていることになり、大きければ大きいほど収益性が高いことになります。

戦略・投資
29

利益が出たはずなのに「利益が出なかった」と言われた。理由は？

あなたの会社は、Aさんから100万円の融資を受けている。無理を言って融資をお願いしたので、利息として年間5万円を支払った。後で聞いた話だが、Aさんは、「損をした」と言っていたそうである。

①なぜ、Aさんは「損をした」と言ったのだろうか？
②Aさんの考える「利益」とは、どのようなものだろう？

ヒント

利息5万円（5％）に注目して、2種類の利益を考えよう

戦略・投資

答

①Aさんは、あなたが支払った5%を超える利回りのある投資機会に、この1年で遭遇していた。

②「実際の利益－機会原価」で計算して、プラスのときに利益と考えている。

この問題を解く鍵は、2種類の利益を意識することです。1つは、**通常の損益計算でとらえる利益**です。もう1つは、経営管理などで使われる**利益の考え方**です。

▼Aさんは100万円を貸して、5万円の利息を受け取ったので、年間の利回りは5%です。Aさんの不満は、この5%にあるのです。Aさんは、5%を超える利回りのある投資機会に、この1年で遭遇していたのです。株式相場が1年以内に急騰したとか、もっと利回りが高い債券が発行されたとかです。

たとえば、株式相場で平均株価が1年間で7%アップしているとしましょう。平均株価へ連動する株式ファン

ドを購入していれば、1年で7万円の分配金を手にいれられます。2つの損益計算をしてみましょう。

あなたの考える利益は、Aさんが1年後に受け取った利息5万円です。これは通常の損益計算における利益の考え方です。しかしAさんは、受け取った利息5万円－7万円で、

△2万円の損失と計算しています。

Aさんにとって、株式ファンドの予想受取分配金7万円は、あなたへ融資することで、失われた利益です。この失われた利益は、**機会原価**とか**機会損失**といいます。経営の意思決定の場面で採算を考えるときに使われます。機会原価は、実際に発生したコストや損失ではありませんが、**実際に発生した利益から控除し、差額がプラスかマイナスかで採算を判断する**のです。7万円を受け取る機会を、Aさんは、融資することで失ってしまったことが不満なのです。

▼Aさんが考える利益とは、**実際の利益－機会原価**で計算したものがプラスのことです。Aさんにとって7万円は、あなたに求める利益の最低限なのです。Aさんの考えた利益は、一般に**経済利益**、**残余利益**などといろいろな言い方で呼ばれて、実際の利益と区別します。

▼あなたが遭遇した状況は、株主と上場会社の経営者の間でも起こります。あなたが経営

者で、株主がAさんです。

株主は、高い投資利回りを求めています。株主にとっての利益は、配当と値上がり益を得ることです。出資した金額に対して10%以上の利回りを求めることは珍しくありませんね。そんな気持ちをくまないで、収益性の低い事業を続けて、配当や株価のアップができない場合には、株主総会で経営者責任が問われます。

この10%は**株主資本コスト**と呼ばれ、株主が求める最低限の収益性の指標です。上場会社では、ROA（総資産利益率）などの収益性の目標を設定する場合に、**金利**（負債コス

資本コストとROAの関係

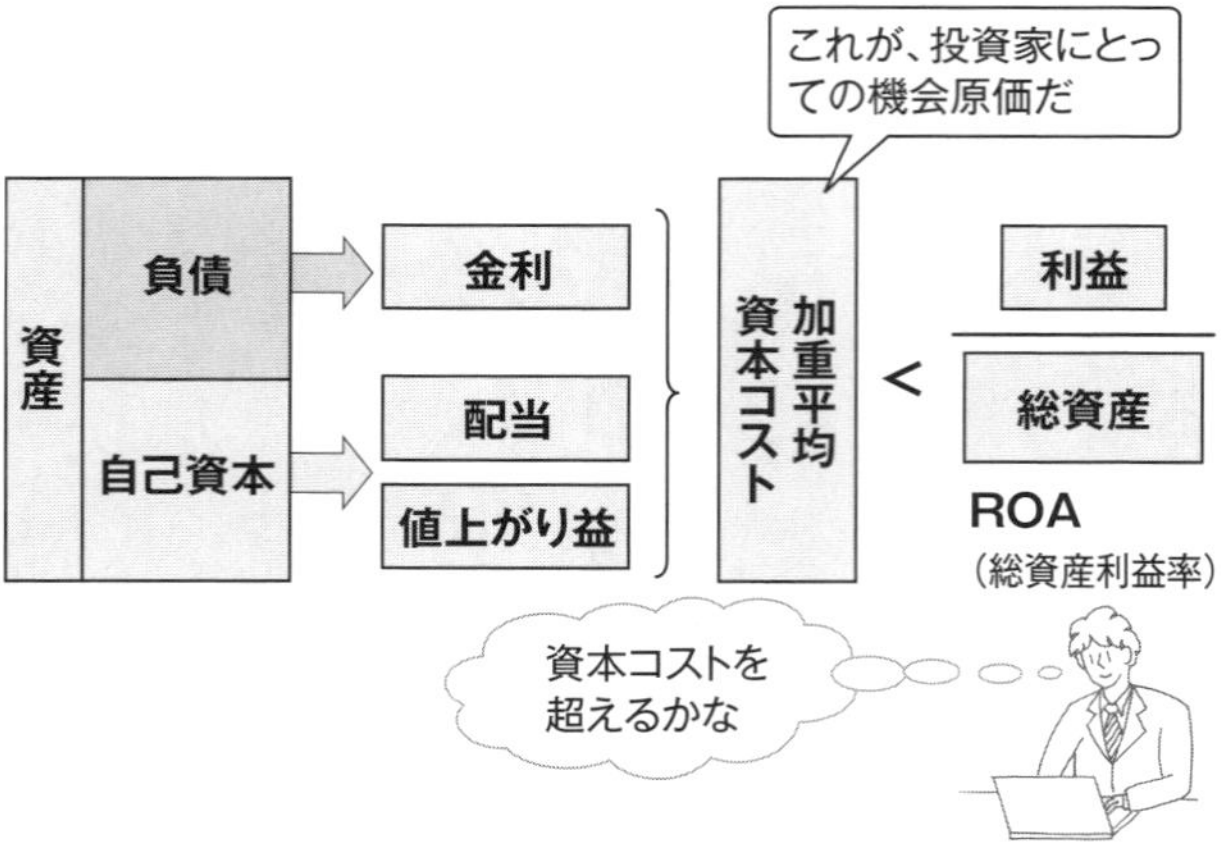

●加重平均資本コスト（率）以上のROA（総資産利益率）を出さないと事業は縮小し、株価も下がる。経営責任も浮上する。

ト）とともに意識する必要があるのです。「コラム：割引率（リスク率）の決め方」（Ｐ２１５）で説明した**加重平均資本コスト**のことです。

ＲＯＡの目標を加重平均資本コストを超える水準に設定して、債権者や株主の機会原価をカバーできるように配慮するのです。そうしないと、株主は会社の株を売却してしまい、株価が下がってしまうおそれがあります。

キーワード

経済利益

実際の利益－機会原価で求める。管理会計上の利益の考え方で、実際の利益と区別する。

関連

機会原価
割引率
残余利益
株主資本コスト
加重平均資本コスト
ＣＣＭ
ＥＶＡ

戦略・投資
30

債券が買われると、金利（利回り）は下がるか？　上がるか？

田中さんは、年2%（2円）の金利を約束された新規発行のA債券を100円（額面100円）で購入した。1年後、金利を受け取り、その後A債券を105円で鈴木さんへ売却した。田中さんは7円（受取利息2円＋売却益5円）儲かった。

田中さんの初期投資額は100円なので、7%（7円÷100円）の利回りである。

①田中さんがA債券を売却したとき、市場金利は上がっているか、下がっているか？
②市場金利は何%程度になっているか？
③市場金利が1.5%になると予想できれば、A債券価格はいくらが適正か？

ヒント

利回り（金利）＝（年間利息収入＋売却益）÷債券の時価

答

①市場金利は下がっている。
②1・9%未満になっている。
③133円程度で売れるだろう。

国債や社債などの債券価格と金利（利回り）の関係を理解するための計数感覚です。

①市場の金利はおそらく1・9%未満に下がっています。A債券を105円で購入した鈴木さんは、購入後1年すると2円の金利を受け取れる権利があります。鈴木さんの購入額は105円ですから、1年後の利回りは、2円÷105円≒1・9%です。市場金利が1・9%より低かったので、田中さんから105円で債券を購入しても、有利な投資になると鈴木さんは判断したのです。

②つまり、鈴木さんが購入したとき、市場金利は1・9%未満に下がっているはずです。このように**市場金利が下がっているときは、すでに市場に出ている額面に対する確約金利（クーポン）の高い債券が買われ、債券価格はアップする**（100円→105円）のです。

今後も低金利が続く傾向にあるならば、鈴木さん所有のA債券は、クーポンが2%なので、欲しい人が多くなり、債券価格は105円以上にアップしていくでしょう。

途中売却を考えているとしたら、鈴木さんにとっては、今後の金利動向が気になるところです。金利が下がる傾向なら、債券は買われて債券価格はアップして、受取利息とともに、売却益も手にすることができます。金利がアップすれば、債券価格はダウンしてしまうので、売却すると損します。そこで、債券を保有し続けて、受取利息を受け取った方が有利です。売却はできないでしょう。

③市場金利が1・5％になると予想できれば、A債券価格はい

金利と債券価格は、逆に動く

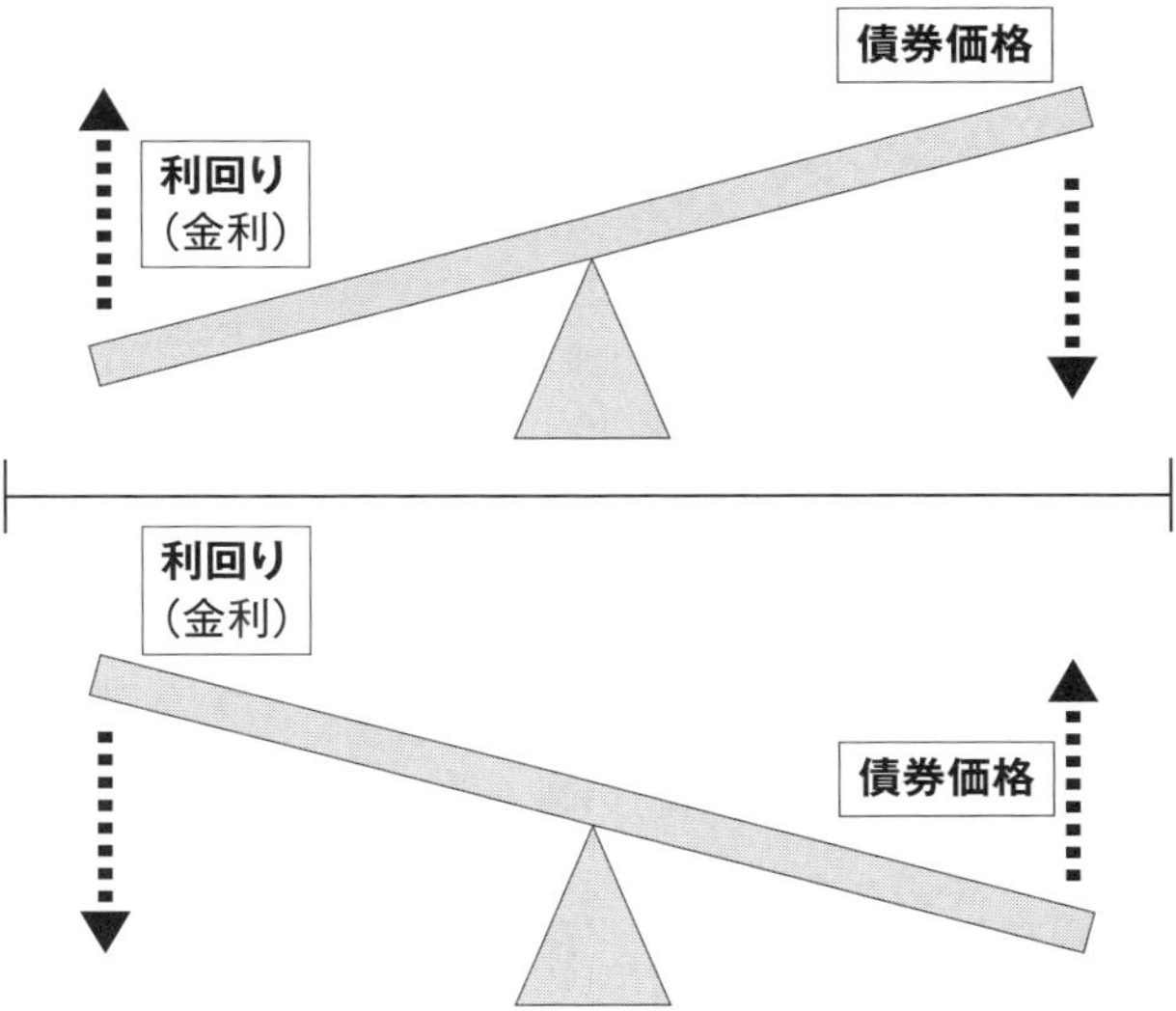

くらが適正でしょうか。約133円で売れると考えられます。なぜならA債券（額面100円）を所有していれば、年2円は受け取れます。2円÷133円≒1・5％ですから、133円で購入しても市場金利並みの1・5％の利回りがあるからです。

その後、市場金利が3％まで大きく上がる予想が出てきました。続けて、考えてみましょう。

鈴木さんは、133円でA債券を売却するつもりです。うまく売れるでしょうか？ A債券価格は、値上がりするでしょうか？ 値下がりするでしょうか？

もし金利が上がることが不明確であれば、売れる可能性はあります。すると133円－105円＝28円も売却益が出ます。金利が上がったときに、高い金利の債券を購入する資金になります。

しかし、世の中そんなにうまくはいきません。3％に金利がアップする予想が出ているのですから、133円で2円の金利しかもらえない（利回り1・5％）債券を133円で買う人がいるでしょうか。3％に金利が上がる環境では、A債券が67円程度に下がるまで買う人はいないでしょう。67円（2円÷3％）まで下がらないと、この債券を購入する人は3％の利回りを達成できないからです。

キーワード

債券の利回り

投資額に対する利益の割合で、投資の収益性を示す。債券では、（受取利息収入＋売却益）÷債券の時価（債券価格）で計算する。債券価格がアップすると、利回りは低下する。債券価格がダウンすると、利回りは上昇する。利回り（金利）と債券の時価は、逆の動きをするので、注意を要する。

関連

収益性

コラム

金利と経済の話、金利と経営の話

▼金利はお金の価格に相当します。お金がどうしても必要な個人や会社は、金利が高くてもお金を借りようとしますが、一方、お金が手元に多くある個人や会社に金融機関がお金を貸そうとしても、高い金利で貸すことはできません。金利もモノの価格と同じように、お金の需要と供給の関係で決まります。

景気がいいときは、お金を借りてでも、モノやサービスを購入しようとする個人や会社が増えます。そうするとお金の需要が増して、金利はアップしていきます。**新発10年もの国債の利回り**が、長期金利の指標となっていて、長期の住宅ローン金利アップへ波及します。

好景気が過熱気味になってくると、モノの価格の上昇率がアップしてインフレになります。インフレになると、金利も高くなっていくので、以前、低い金利で発行された債券は売られ、債券価格は低下します。債券を売ったお金は、投機マネーとして原油や穀物の市場に流れ、これら商品価格をさらにアップさせ、インフレが拡大していきます。逆に、不景気で、お金を使わない傾向が出てくると、お金の需要が減っていき、お金の価格である**金利は低下**していきます。住宅ローンなどの金利も下がりますが、住宅や車などの高額品の需要は減ってしまいます。

▼では、経営とはどのようにつながっているでしょうか。ある会社の安全性が悪化すると、その会社が発行した社債の返済能力を疑われ、社債は売られ、社債の時価は低下します。このような時に、新たにお金を借りようとすれば、社債ならば発行時の金利を高く設定しないと、買う人が現れません。銀行から借りるなら、金利アップは避けられません。業績が悪く、安全性が低い会社は、高い金利負担がネックになって、資金調達ができなくなり、倒産の危機に追い込まれます。

また、金利は、達成すべき最低限の収益性（投資に対するリターンの割合）の基準です。**金利が上がると、会社は、金利をかなり上回る収益性（利回り）を達成する必要があります。**低収益性の事業を多く抱える会社や収益性の指標（ＲＯＡなど）をアップさせる戦略を描けない会社の株は売られ、株価は下がります。**収益性**、**金利**、**株価**は密接な関係があるのです。金利などの経済指標も、会社数字と密接に関係していることを、理解しましょう。

あとがき

お読みになって、いかがだったでしょうか。

会社数字はけっして現場から離れたものでなく、身近で、コツをつかめば楽しいものだということがおわかりいただけたでしょうか。私は企業研修やビジネススクールで講師をしながら、そのことをわかっていただきたいと思い続けてきました。

脱サラして十四年目になりますが、脱サラするという危機感から、いつしか習慣化したことがあります。それは、自分自身の経験したこと、新聞や雑誌で取り上げられた記事などを使って、「なぜそうなるのだろう？」「その問題の本質は？」という投げかけを自分自身にして、考え続けることです。解答の見つからない、正解のない疑問もたくさんありました。あきらめないで、考え、考え、考え続けることで、ハッと何かが見えてくることがあります。また新たな疑問も生まれてきます。本書は、そんな疑問の繰り返しから生まれたといってもいいでしょう。クツ修理専門店の問題は、実際に私の経験からのものです。

ある時、なぜあの店は値引きしないんだろう、という素朴な疑問を持ったのです。

本書は、「知識をいかに活用するか」がテーマです。知識をつけただけでは、なかなか活用できません。なぜその知識が生まれ、使われているのだろうかという疑問を持つことが、すべての始まりです。考え抜くことで、何かに気付きます。ハッとする瞬間があります。どこかで聞いたこと、誰かが言ったこと、本で読んだことなどがつながるのです。その気付きは、本質的なことが多いものです。本質は、変わらない普遍性をもっています。本質がみえれば、その知識を活用することができます。

たとえば、費用を減らすと利益が出ると考えている人は、売上高－費用＝利益と考えているのです。本書で付加価値について述べましたが、費用をかけないと利益は生まれません。あなたは、給与を下げられたら会社の利益に貢献する意欲がわきますか。

最後に、本書の企画、編集にかかわっていただいた朝日新書の編集部の皆さんには大変感謝しています。特に私の公開セミナーに参加され、私が伝えたいことの趣旨を理解したうえで、企画、編集に際していろいろな提案をいただいた友澤和子さんには、心より御礼申し上げます。

２００９年６月　千賀秀信

会社数字がますますわかる！

キーワード集

第1章　営業

01

機会原価

商品が販売できていれば得られたであろう利益、あるいは、何かを選択したことで、失われる利益のこと。財務会計で認識しないが、意思決定をするときは、考慮する必要がある。万引きによって失われた利益は20円と考えれば、機会原価は20円となる。利益率の高い商品が万引きされれば、機会原価も大きくなる。

関連　商品減耗損　販売機会損失

02

在庫コスト

①在庫スペースに要するコスト（賃貸料・保険料）、②在庫管理に要する費用（コンピュータソフト・ハード費用、管理者の人件費）、③資本コスト（金利、配当）、④このほか、発注事務処理のための人件費・輸送費なども必要。

関連　資本コスト　在庫ロス　売上原価　キャッシュフロー

03

インタレスト・カバレッジ・レシオ（倍）

事業利益が支払利息の何倍あるかを見る指標。事業利益÷支払利息が4倍以上あれば、金利負担力があるといわれている。事業利益は、支払利息を控除する前の利益で、EBIT（Earnings before Interests and Taxes）とも呼ばれる。

関連　借入金月商倍率　債務償還年数

04

変動費

売上高に応じて発生する費用。商品売上原価のほか、材料費、消耗品費などがある。ポイント販促費は、売上に応じて発生するので変動費である。

関連 固定費　限界利益率　ポイント販促費　売上債権回転日数

05

運転資金の調達高

（売上債権＋在庫－買入債務）で把握される。この指標がプラスで大きくなっていくと、営業キャッシュフローが減少し、運転資金が不足する。運転資金の調達必要額と理解しよう。なお、運転資金とは、商品の仕入や経費の支払いなど通常の業務で必要となる資金（現金預金）のこと。

関連 売上債権　在庫　買入債務　短期借入金　貸付金

06

外注加工費

部品加工などを委託した際に支払う費用。材料を支給して加工を頼めば、手間賃、外注先の利益、送料などが外注加工費となる。

内製化すると、材料費のほか、労務費、減価償却費、水道光熱費などの固定費がかかるが、技術などの伝承ができるため、付加価値を生み出せる。

関連 内製化　粗利益（率）

07

節約可能費

販売中止などで、発生を回避することができる費用。管理可能費ともいう。

関連 節約不能費　販売費

08 ROA（総資産利益率）

投資総額を示す総資産に対して、どのくらいの利益を生み出したかの割合。

ROA＝売上高利益率×総資産回転率なので、それぞれの内容を分析することで、経営の方向性が見えてくる。利益には、営業利益、経常利益、当期純利益などが用いられる。

関連 売上高利益率　総資産回転率　収益性分析

09 固定費

生産・販売の増減とは連動性がない費用。人件費、減価償却費、リース料など、メーカーの工場で多く発生する。

関連 内製化、外部調達

10 物流費

物流に要する費用を原価計算して集計する。決算書から読める発送配達費だけではなく、物流に関わる人件費やその他の経費を集計するため、管理会計システムが必要になる。

関連 材料費　労務費　製造経費　原価の3要素　複合費

11 減価償却費

減価償却費は、法定耐用年数で償却すると、その金額が損金計上（経費として認められること）できて、節税効果があるとともに、投資の回収に貢献できる。

関連 グロスキャッシュフロー

12

売上高付加価値率

売上高に対する付加価値の割合。付加価値は、売上高から材料費などの外部購入費用を控除して求めることができる。これを控除方式という。

関連　売上総利益率　変動費　固定費

13

限界利益率

売上高に対する限界利益（売上高－変動費）の割合。「限界」とは、販売数量が1つ増えたときに増加する、という意味である。すなわち限界利益率とは、製品が1単位売れると増加する粗利益の割合。損益分岐点分析などで使われる粗利益率である。

関連　損益分岐点比率　経営安全率　固定費　派遣切り

14

限界利益

売上高から変動費を控除した粗利益のこと。損益分岐点分析や変動損益計算書における中心となる利益である。

関連　損益分岐点の売上高　固定費　変動費　廃棄ロス　販売機会損失

15

経営安全額

損益分岐点の売上高を超えた売上のこと。経営安全額から発生する限界利益は営業利益となる。安全余裕額とも呼ばれる。

関連　損益分岐点の売上高　総原価　限界利益　薄利多売

16

1個当たり限界利益

商品の付加価値を示す。1個当たり限界利益を高めるには、値上げもあるが、商品の組み合わせによりセットあたりの限界利益を高める作戦がよく使われる。

関連 セット価格

第3章 人事・組織

17

内部留保

内部留保とは、自己資本に属する利益剰余金のことである。利益剰余金とは、当期純利益のうち配当に回した分を控除した残りだ。自己資本を増やす利益剰余金は、自己資本比率など、財務の安全性を高めるために重要な役割がある。

関連 自己資本比率　利益剰余金

18

人時生産性

1人当たり・時間当たりの粗利益のこと。粗利益には、売上総利益のほか限界利益や付加価値を使う。労働生産性が、1人当たり粗利益のことですが、人時生産性は時間効率を加味したもの。小売やサービス業のような労働集約的な業種・業態で重要視される経営指標である。

関連 労働分配率　変動費　固定費　限界利益　粗利益

19

人件費

給与、賞与だけでなく、法定福利費、退職金および年金、福利厚生費、現物給与、教育訓練費、募集費を含んでいる。厚生年金や雇用保険などの会社負担分である法定福利費の負担が増している。

関連 粗利益率　労働分配率

20

労働分配率

粗利益に対する人件費の割合のこと。一般的に50％以下が適正だが、赤字企業になると50～60％以上と高くなる。

関連 粗利益　客数　客単価　客席回転率

21 売上総利益率

売上高に対する売上総利益の割合で、一般的に粗利益率という。売上総利益率が低下している場合、商品に対する顧客の評価が下がっていることを暗示している。

関連 労働分配率　損益分岐点

22 労働生産性

1人当たりの付加価値のこと。働く人の知恵と工夫が表れる指標である。

関連 設備生産性　設備費　危機感の共有　リーダーシップ　モチベーション

23 人件費の変動費化

人件費を短期的にコントロールできるようにすること。業績が下がったら削減できるという意味で使う。本来の変動費とは異なる意味なので注意が必要。

関連 外注費　業務委託費　雑給　固定費　変動費　物件費

第4章 戦略・投資

24 グロスキャッシュフロー

当期純利益＋減価償却費でとらえたキャッシュフローで、粗キャッシュフローともいう。概算でキャッシュフローをとらえ考えるときに使う。全社のキャッシュフローから、借入、その返済などの財務キャッシュフローを除いた考え方である。

関連　運転資金　フリーキャッシュフロー　財務キャッシュフロー　キャッシュフロー経営　債務償還年数

25 営業キャッシュフロー

営業キャッシュフローは、営業活動から生まれたお金の収支。その源泉は、本業の儲けである営業利益で、税引後の営業利益＋減価償却費－（在庫増＋売上債権の増－買入債務の増）でおおまかにとらえることができる。

関連　フリーキャッシュフロー

26 ROE

自己資本に対する当期純利益の割合。株主の投資利回りとして、株式投資の判断に使われる。

関連　ＲＯＡ　利回り　収益性

27 フリーキャッシュフロー

フリーキャッシュフローは、純現金収支とも呼ばれ、営業キャッシュフローと投資キャッシュフローの合計でとらえる。これがプラスであれば、投資の回収ができている。ただし、大型投資を行った場合、単年度のフリーキャッシュフローは赤字になる場合がある。

関連　在庫　売掛金　営業キャッシュフロー　投資キャッシュフロー

28 割引率

将来の予測値のズレを修正するための割合。リスクの度合いを示している。実際の計算では、加重平均資本コスト（ＷＡＣＣ）を使う。

関連 資本コスト　営業キャッシュフロー　フリーキャッシュフロー　リスク　正味現在価値

29 経済利益

実際の利益－機会原価で求める。管理会計上の利益の考え方で、実際の利益と区別する。

関連 機会原価　割引率　残余利益　株主資本コスト　加重平均資本コスト　CCM　EVA

30 債券の利回り

投資額に対する利益の割合で、投資の収益性を示す。債券では、（受取利息収入＋売却益）÷債券の時価（債券価格）で計算する。債券価格がアップすると、利回りは低下する。債券価格がダウンすると、利回りは上昇する。利回り（金利）と債券の時価は、逆の動きをするので、注意を要する。

関連 収益性

さ

た

INDEX　用語索引

千賀秀信 せんが・ひでのぶ

経営能力開発アドバイザー。マネジメント能力開発研究所代表。中小企業診断士。1954年東京都生まれ。早稲田大学商学部卒。公認会計士、税理士専門の情報処理サービス業・株式会社 TKC（東証1部）で、財務会計、経営管理などのシステム開発、営業、広報、教育などを担当。97年にマネジメント能力開発研究所を設立し、企業経営と計数を結びつけた独自のマネジメント能力開発プログラムを開発。「わかりやすさと具体性」という点で、多くの企業担当者や受講生からよい評価を受けている。研修、コンサルティング、執筆などで活躍中。大前研一のアタッカーズ・ビジネススクール講師。著書に『会社数字のコツがハッキリわかる本』『〔新版〕経営分析の基本がハッキリわかる本』『経営センスが高まる！ 計数感覚がハッキリわかる本』（3冊ともダイヤモンド社）、『「ベンチャー起業」実戦教本』（共著、プレジデント社）がある。

●マネジメント能力開発研究所　http://homepage3.nifty.com/maneji/

朝日新書
179

会《かい》社《しゃ》数《すう》字《じ》がわかる計《けい》数《すう》感《かん》覚《かく》ドリル

2009年6月30日第1刷発行

著　者　千賀秀信

発行者　岩田一平

カバーデザイン　アンスガー・フォルマー　田嶋佳子

印刷所　凸版印刷株式会社

発行所　朝日新聞出版

〒104-8011　東京都中央区築地5-3-2
電話　03-5540-7772（編集）
　　　03-5540-7793（販売）

Published in Japan by Asahi Shimbun Publications Inc.
ISBN 978-4-02-273279-8
定価はカバーに表示してあります。

落丁・乱丁の場合は弊社業務部（電話03-5540-7800）へご連絡ください。
送料弊社負担にてお取り替えいたします。

会社数字がわかる計数感覚ドリル

千賀秀信

「居酒屋オーナーの年収は?」「120円のお菓子が一万引きされた。それをカバーする売上は?」……身近な問題を解きながら会計や経営の思考力が養えるドリル。営業、製造、開発、人事、戦略などビジネスの各分野で必須の数字活用法がサクサク頭に入る!

東京「進化」論

伸びる街・変わる街・儲かる街

増田悦佐

渋谷は本当に若者の街か? 新橋駅前が変わらないのはなぜ? 「地味街」が注目されている――。「街歩き」の達人が、変貌を続けるビッグシティを縦横無尽に斬りまくる。ビジネスが伸びそうな街も多角的に予想、東京の「あす」がわかる!

アトリエの巨匠に会いに行く

ダリ、ミロ、シャガール…

南川三治郎

欧州や米国、日本をまたにかけ、20世紀美術を代表する絵画や彫刻、写真の巨匠31人のアトリエを写真家・南川三治郎が突撃取材。二度と撮れない貴重な芸術家の肖像と底抜けに明るいインタビューで、創作の秘密に迫るカラー版新書。

快眠で「やせる体質」

坂根直樹
小路浩子

ぐっすり眠れば3キロやせられる! 睡眠時間と肥満の関係を、生活習慣病に詳しい医師が徹底解説。今すぐ始められる、巻末の「体重グラフ」と「睡眠日記」のレコーディングで、睡眠不足と肥満を同時に解消しよう!

誰も知らないサプリメントの真実

高田明和

身近な存在となったサプリメントだが、使用に関する適正情報は意外と少ない。よく耳にする効能は本当か。副作用はどうなのか。効果には個人差もあり、情報の読み方は難しい。生理学・脳科学の権威がサプリメントとの上手なつきあい方を提示。

財務3表一体分析法
「経営」がわかる決算書の読み方

國貞克則

会計の素人が財務諸表とどう向き合うか。今回は、3表の数字を少し加工するだけで会社の経営状況が簡単にわかる「秘伝」を伝授する。貸借対照表（BS）、損益計算書（PL）のオリジナル図表を駆使し、わかりやすく解説。ホワイトカラー必読！

一話3分 落語ネタ入門

桂 歌若

人生を愉しむことにかけては長屋の熊さんはとんだ知恵者だ。人間味あふれる古典落語の裏表をひもとき、桂歌丸門下の真打が季節感や江戸の暮らしに触れながら、味わい豊かな感性の世界へと案内する。80編の噺は林家正楽の洒脱な紙切りが付く。

映画365本
DVDで世界を読む

宮崎哲弥

世界を知る、トレンドを見る、未来を読む、映画は最高の教科書だ！ 政治、経済、メディア、宗教、人種、科学、国際関係から哲学・思想に至るまで、DVDで観られる洋画を題材に語る最新文化論。「TSUTAYAオンライン」連載の新書化。

派遣の逆襲

関根秀一郎

「雇用の調整弁」の名のもとに猛威をふるう「派遣切り」。どうすれば仕事と生活を守れるのか。数々の違法業者を暴き、「年越し派遣村」を主導した派遣ユニオン書記長による、強欲資本主義との闘いの記録と、日本の雇用再生への提言。

人はなぜ裏切るのか
ナポレオン帝国の組織心理学

藤本ひとみ

外務大臣タレイラン、警察大臣フーシェら、ナポレオンを取り巻く7人の男たちはなぜ彼を裏切り、破滅へと追いやったのか。果たしてそれは「裏切り」と呼べるのか。西洋史に造詣が深く歴史・犯罪小説に定評ある著者が、その心理を解き明かす。